D1984682

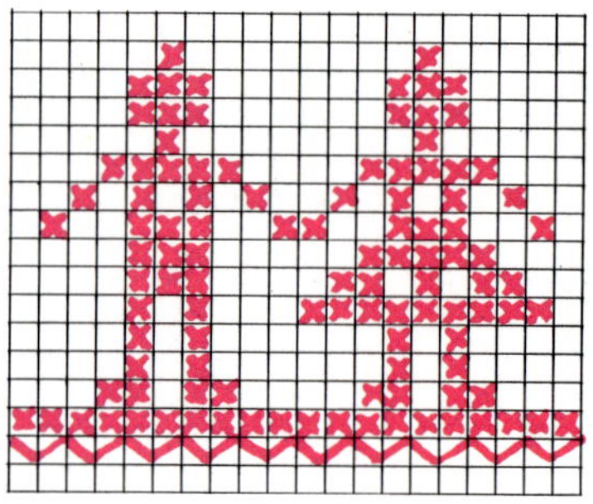

ALŽBETA LICHNEROVÁ

Stickmusterbuch

ISBN 3-7304-0050-9
©1. Auflage 1987
to this translation by
Verlag für die Frau

ALŽBETA LICHNEROVÁ

Stick-musterbuch

VERLAG FÜR DIE FRAU
LEIPZIG

Inhalt

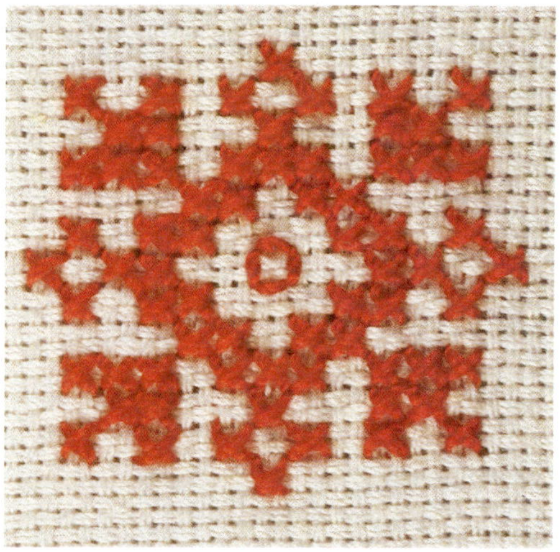

MEHRREIHIGER KÄSTCHENSTICH /51

KÄSTCHENSTICH /33

UMWICKELTE HOHLNAHT /51

GESTOPFTE HOHLNAHT /54

FROSCHAUGEN /48

◀ SCHAFHÖRNER /40

BÜNDELN
MIT SPANNSTICH /55

Überlieferte Schönheit im modernen Lebensbereich

Tempo und Rhythmus des modernen Menschen werden in großem Maße bestimmt vom Tempo der Maschinen und der Industrieproduktion, dem Lärm des Stadtverkehrs, der Einkaufshektik.
Es kann auch schwerlich behauptet werden, daß Rhythmus und Lärmkulisse der modernen Diskomusik und -atmosphäre beruhigend und entspannend wirken.
Das Milieu, in dem der moderne Mensch lebt, ist voller ständiger Anspannung und konzentriertem Streben nach immer besseren Arbeitsergebnissen, nach Erhöhung seines Lebensniveaus.
Befriedigung materieller Bedürfnisse und Steigerung des Lebensstandards sind jedoch kein dem Selbstzweck dienender Kreislauf, in dem der Sinn des Lebens in der bloßen Anhäufung materieller Güter bestünde. Befriedigung materieller Bedürfnisse und Wachstum des Lebensstanders sind zwar ein Ziel, aber nur eines, nicht das einzige, alleinige.
In unserer Gesellschaft geht es um mehr, nämlich darum, daß das weitere Wachstum des Lebensstandards zur allseitigen Entwicklung der schöpferischen Fähigkeiten der Menschen führt, zur Hebung des Bildungsniveaus und der kulturellen Reife, zur weiteren Verknüpfung der Interessen der Gesellschaft mit denen des einzelnen.
In diesem Sinne sind es insbesondere die Frauen, die sich im Rahmen einer breiten Aktivität auf dem Gebiet der kulturellen Selbstbetätigung und Selbstbestätigung, der Entwicklung ihrer schöpferischen Kräfte und Fähigkeiten in ihrer Freizeit häufig mit der Schaffung textilen dekorativen Beiwerks für Kleidung und Wohnung beschäftigen.
Beim Anfertigen stehen sie oft vor der Frage, woher Inspiration, Motive und konkrete Anleitung für den Arbeitsablauf nehmen.
Wie alte Schönheit und überlieferten Reichtum ornamentaler Volkskunstmotive aus den Trachten unserer Großmütter in der modernen Bekleidungs- und Wohnkultur umsetzen?
Ist diese Übernahme schöner Motive vergangener Jahrhunderte in den modernen Lebensbereich, wo die Produktion überall maschinellen Charakter trägt, angebracht?
Welche sind die Hauptbestandteile eines solchen textilen Schaffens unter Einbeziehung überlieferter Schönheit?
Wie sind die eigenen Vorstellungen am konkreten textilen Material zu verwirklichen, damit das Ergebnis unserer Bemühungen befriedigt und die Vorstellungen von einem schönen und nützlichen Gegenstand im Wohnbereich weiterentwickelt?
Die Autorin beantwortet viele dieser Fragen. Anschaulich stellt sie das Gestalten von Gegenständen der Wohnkultur und anderem textilem Beiwerk durch Sticken dar, wobei sie die

dekorative Kreuzstichtechnik und auf sie abgestimmte andere Zierstiche verwendet.
Im Gegensatz zu früheren Publikationen dieser Art werden neue Varianten von Motiven und ornamentalen Mustern angeführt und anschaulich belegt. Einfühlsam zeigt die Autorin, wie geschmackvoll ein einfacher Kreuzstich auf textilem Grund wirken kann und wie ein Motiv auszuwählen ist, damit der Gegenstand durch die Stickerei als harmonisches Ganzes zur Geltung kommt.
Eine neue Bereicherung der Mustervorlagen ist die Kreuzstichstickerei im Negativcharakter. Die Wiederholung der Streifenstickerei ergibt einen visuell sauberen, klaren Dekor von typisch textilem Charakter. Muster auf textilem Material, durch Kreuzstich zum Leben erweckt, heben durch ihre sparsame Gestaltung und saubere Ausführung die Zweckmäßigkeit des Gegenstandes hervor und verleihen ihm, ohne aufdringlich zu wirken, eine ästhetisch ausgewogene emotionale Dynamik.
Neben kleinen und größeren Tischdecken, Platzdeckchen und Kissen stellt die Autorin auch kleine Taschen und dekorativen Wandschmuck vor.
Der technologische Teil des Buches stellt instruktiv Beispiele unterschiedlicher Zierstiche vor und dokumentiert sie in anschaulicher Weise. Für Anfänger im Sticken ist eine so anschauliche Erläuterung des Arbeitsablaufes sehr notwendig und zweckmäßig. Letztlich hilft sie auch einer erfahrenen Stickerin und erleichtert geschickten Händen die Arbeit.
Der fotografische Teil erhöht den Anschaulichkeits- und Anleitungscharakter um ein Wesentliches. Die künstlerischen Ergebnisse sind geschmackvoll und im Geiste modernen Empfindens arrangiert, so daß die gewünschte emotionale Wirkung und ein ausgewogener Gesamteindruck erzielt werden. Vergrößerte Ausschnitte der Stickereien fesseln durch ihre Ausdrucksstärke und orientieren die Leserin auf das angestrebte Vorhaben und die ästhetische Wirkung bei der Umsetzung auf dekorativem textilem Zubehör.
Die Autorin übernimmt nicht mechanisch traditionelle Muster und deren Komposition aus überlieferten Textilien, Volkskunstartikeln der Vergangenheit, sondern setzt einzelne ausgewählte Elemente schöpferisch um im Sinne des modernen Geschmacks und Empfindens der materiellen Kultur unserer Zeit an im Wohn- und gesamten Lebensbereich der modernen Frau gebräuchlichem Beiwerk. Sie bezieht also die reiche gegenständliche Kultur unserer Großmütter, ihre Geschicklichkeit und ihren Geschmack schöpferisch auf Gegenstände, die für die Frau von heute, für ihren Lebensbereich geeignet sind. Gleichzeitig erfordert jedoch dieses breit angelegte Bestreben um Ästhetisierung der Umwelt und Durchsetzung der Grundsätze der ästhetischen Erziehung im breitesten Umfeld des täglichen Lebens im Zusammenhang mit dem textilen Gestalten die Hervorhebung einiger Grundsätze:

- *Bei der Gestaltung neuer Entwürfe dekorativer textiler Gegenstände muß vor allem Klarheit darüber herrschen, was für ein Gegenstand geschaffen werden soll, d. h., ob es sich um einen ausgesprochen zur Zierde dienenden oder einen Gebrauchsgegenstand handeln soll.*
  Davon ist bei der Wahl der Motive, deren Komposition und farblicher Gestaltung auszugehen.
- *Die Auswahl der Motive, Ornamente oder deren einzelner Elemente kann nach eigenem Ermessen, Geschmack und Empfinden erfolgen. Von der eigenen Invention und den eigenen Vorstellungen kann man sich insbesondere dann leiten lassen, wenn ein zuverlässiger Ratgeber und Begleiter zur Seite steht, so daß kein Entgleisen zu Geschmacklosigkeit und Kitsch droht. Als zuverlässiger Ratgeber dienten schon unseren Großmüttern Stickmuster, damals jedoch nicht in Form eines Buches vorhanden, sondern von Generation zu Generation als Kenntnisse, Fähigkeiten und Fertigkeiten auf praktischem Wege weitergegeben durch Sticken, Abzeichnen, Vorzeichnen, aber auch vererbte Volkskunsterzeugnisse von Zeitgenossen und Vorfahren.*
- *Einzelne Elemente, Motive oder Ornamente können einander nicht mechanisch zugeordnet werden. So vollkommen sie selbst auch sein mögen, würden sie doch kein geschmackvolles Ganzes ergeben. Die Einheit von Form und Funktion des Gegenstandes bringt die Komposition zum Ausdruck. Harmonisch vereint sie den gesamten Aufbau, fügt sie die Motive so zusammen, daß zwischen ihnen eine innere Korrespondenz besteht, damit sie eine Einheit darstellen (z. B. wechseln Motive in einem bestimmten Rhythmus in den Reihen oder gruppieren sich in einer bestimmten Ordnung um eine Achse).*
- *Die moderne Frau hat nicht die Zeit, allzu reiche und arbeitsaufwendige Stickereien zu arbeiten. Darüberhinaus verlangt der heutige Geschmack eher ein gewisses Maßhalten. Deshalb sollte der Grundsatz gelten: weniger ist oft mehr. Schlichtheit, Klarheit sind emotionell wirksamer und optisch ausdrucksstärker. Viele unterschiedliche Motive auf einem Gegenstand zerstören die Komposition, zerstückeln, wirken chaotisch.*
- *Farbe und Farbgestaltung sind wie die Musik eine universale Sprache, die beinahe jeder versteht, ungeachtet dessen, welche Sprache er sonst spricht. Die ganze Natur, die Gegenstände in unserer Wohnung, unserem Lebens- und Arbeitsbereich sind schwer vorstellbar ohne die typischen, für sie charakteristischen Farbensembles. Sie wirken durch ihr tägliches Vorhandensein auf uns, auch wenn wir uns dessen oft nicht bewußt sind.*
- *Ein jeder nimmt aus diesem seinem Lebensmilieu ein bestimmtes Farbempfinden mit. Die Harmonie der Farben bestimmt im wesentlichen Maße das Gesamtbild und den Eindruck von einem Gegenstand. Sie kann sehr zurückhaltend sein, aber auch ungewöhnlich lebhaft gestaltet, wie dies unsere slowakischen Volkstrachten beweisen.*
- *Der Gegenstand, den wir besticken, ist kein losgelöstes Element. Zusammen mit anderen wird er in einem bestimmten Umfeld wirken, deshalb sollte er mit diesen ein harmonisches Ganzes bilden. Dies bedeutet keinesfalls Uniformität und Blässe. Eine Stickerei kann in ihrer Umwelt auch einen Kontrastpunkt darstellen. Sie kann den Blick fesseln und dabei mit dem Ganzen harmonieren.*
- *Der textile Untergrund, auf dem gestickt wird, hat selbst bestimmte optische und gegenständliche Eigenschaften — Struktur, Farbe, Knitterverhalten.*
  Die charakteristischen Eigenschaften jedes textilen Materials beim Anfertigen einer Stickerei entdecken, erkennen, schöpferisch nutzen — auch das gehört zur vollen Entfaltung und Ausschöpfung der eigenen Fähigkeiten beim Sticken. Unsere Großmütter waren noch sehr eng vertraut mit den Eigenschaften natürlicher Materialien, weil sie ihre Verarbeitung das ganze Leben lang mit ihren Sinnesorganen wahrnahmen: sie sponnen Hanf, Flachs und Wolle, webten von Hand Textilien und bestickten diese. Ihre Fantasie paßten sie den groberen, körnigen Strukturen des handgesponnenen und handgewebten Hanf- und Leinengewebes an und bestickten es in der Regel im Fadenlauf mit Kreuzstich- und Flachstickerei oder in verwandten Sticktechniken. Die Industrie macht dieses unmittelbare sinnesmäßige Kennenlernen unmöglich, sie entfremdet uns das Material, liefert uns Gewebe als Fertigerzeugnisse. Beleben wir es behutsam, geschmackvoll und schöpferisch durch überlieferte Schönheit. So gewinnen wir durch Stickereien mehr als nur einen schönen Gegenstand.
  Spannungen infolge der täglichen Hektik werden gelockert, neue Fähigkeiten und Fertigkeiten entwickelt zu unserer Freude und Verschönerung unserer Umwelt.

BOŽENA MANCOVÁ

Material

Da die Kreuzstichstickerei zu den Techniken des Stickens über abgezählte Gewebefäden gehört, wählt man ein Material mit regelmäßiger Struktur, ein leinenbindiges Gewebe. Solche bei uns hergestellten Gewebe sind Panama, locker gewebtes Leinen mit körniger Struktur Kanavas (100 % Baumwolle) und Aidastoff.
Leinen und Baumwolle sind aus Naturfasern hergestellte Materialien, waschen und bügeln sich gut.
Kreuzstich- und Flachstickerei müssen das den Untergrund bildende Gewebe bedecken. Dieser Forderung entsprechen über 2 Kett- und Schußfäden gestickte Kreuzstiche (Abb. 4). Manche Stickerinnen arbeiten Kreuzstich über 3 Fäden im Bestreben, ein größeres, reicher wirkendes Muster zu erhalten. Wie Abb. 5 zeigt, scheint bei diesen größeren Kreuzstichen das Gewebe durch, und die Stickerei wirkt unschön.

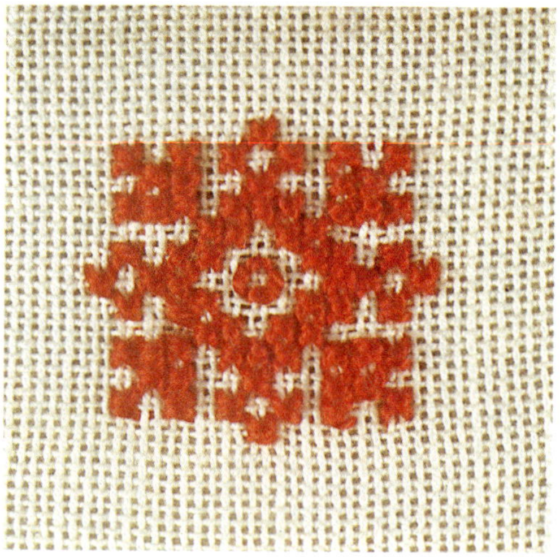

1	4
2	5
3	

Kreuzstichstickerei

Sie gilt als die beliebteste und damit auch am meisten verbreitete Sticktechnik. Kreuzstiche und andere ergänzende Ziersticke, die in vielen Kreuzstichmustern vorkommen, gehören zur Sticktechnik nach abgezählten Gewebefäden. All diese Stiche arbeitet man durch Aus- und Einstechen der eingefädelten Nadel über eine bestimmte Gewebefädenzahl in der Höhe und Breite, die genau abzuzählen ist. Kreuzstiche stickt man von rechts nach links über 2 Fäden in der Höhe und Breite (Abb. 6).

Die Nadel wird nach der Vorderseite ausgestochen, über zwei Fäden schräg nach rechts oben nach der Rückseite eingestochen, wobei 2 Fäden waagerecht nach links aufgenommen werden (a) – erster Stich des Kreuzes.

Man sticht nun schräg nach rechts unten ein und sticht 4 Fäden waagerecht nach links aus (b) – zweiter Stich des Kreuzes. Der folgende Stich wird wie der erste ausgeführt usw. So verfährt man beim Sticken einer Kreuzstichreihe (c). Die Rückseite der Kreuzstichreihe ergibt dieses Bild (d).

Abb. 7 zeigt den Arbeitsablauf beim Sticken von weitstehendem Kreuzstich. Die erforderliche Lücke von 2 Fäden zwischen den Kreuzstichen ergibt sich, indem man beim Übergang zum folgenden Kreuz die Nadel waagerecht nach links über 6 Fäden nach der Vorderseite aussticht.

Abb. 8 veranschaulicht den Arbeitsablauf beim gleichzeitigen Sticken von 2 Reihen versetzt stehender Kreuzstiche.

Beim Sticken nach rechts geneigter Kreuzstichreihen stickt man von oben nach unten (Abb. 9), bei nach links geneigten Schrägreihen von unten nach oben (Abb. 10). Da die Kettfäden im Gewebe meist dichter stehen als die Schußfäden, stickt man die Kreuze über die Schußfäden. (Über Kettfäden greifende Kreuze sind schmaler und höher, über Schußfäden gestickte Kreuzstiche breiter.)

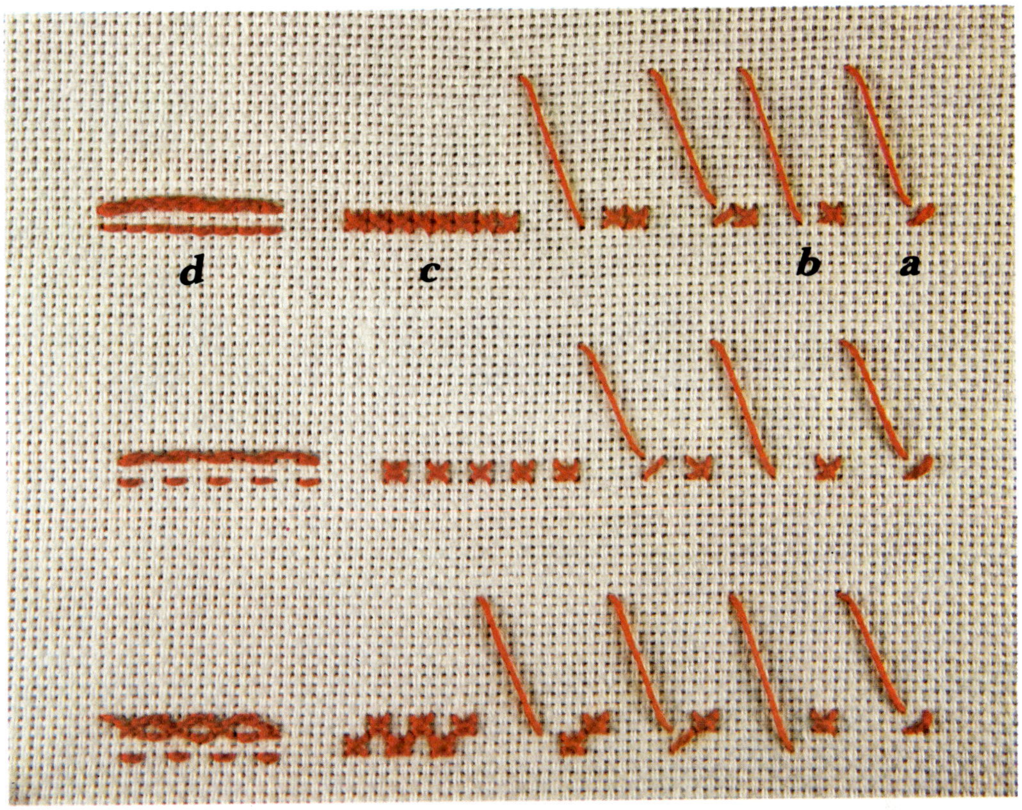

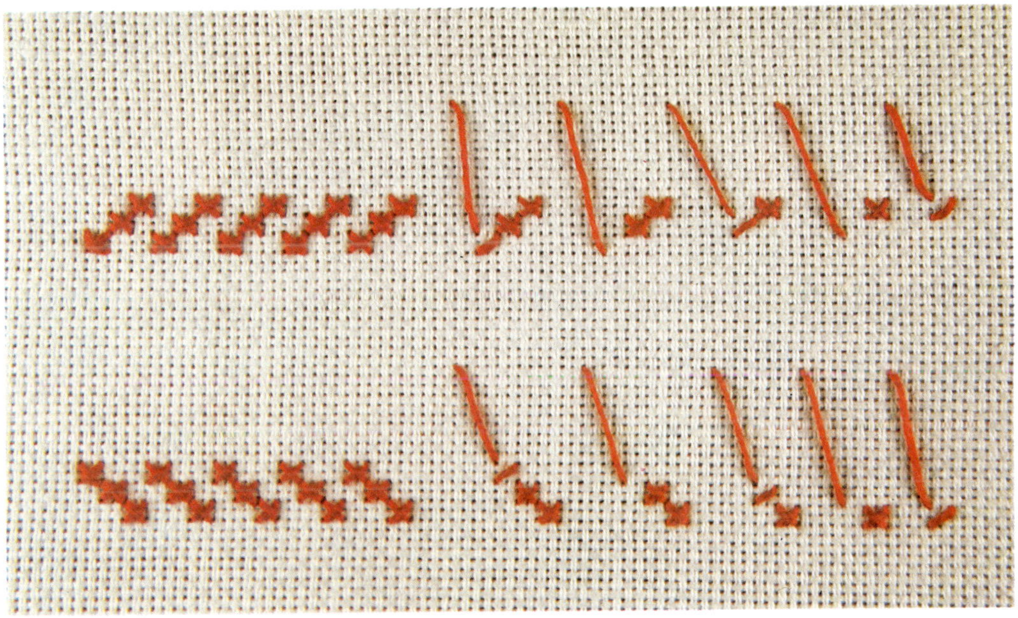

6
7
8
9
10

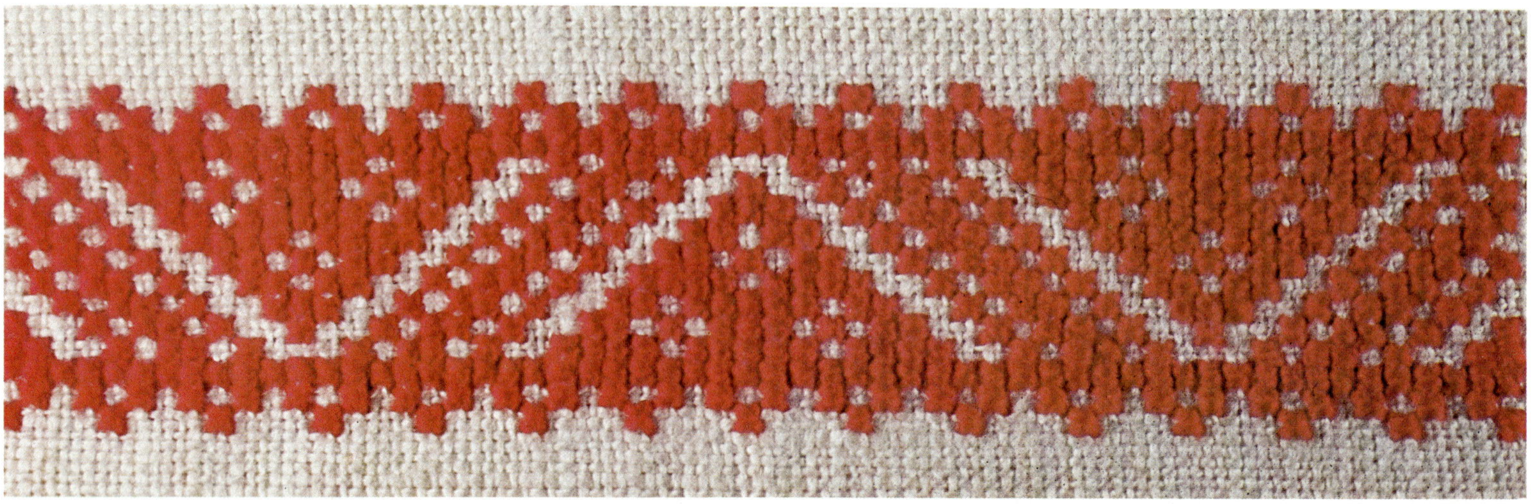

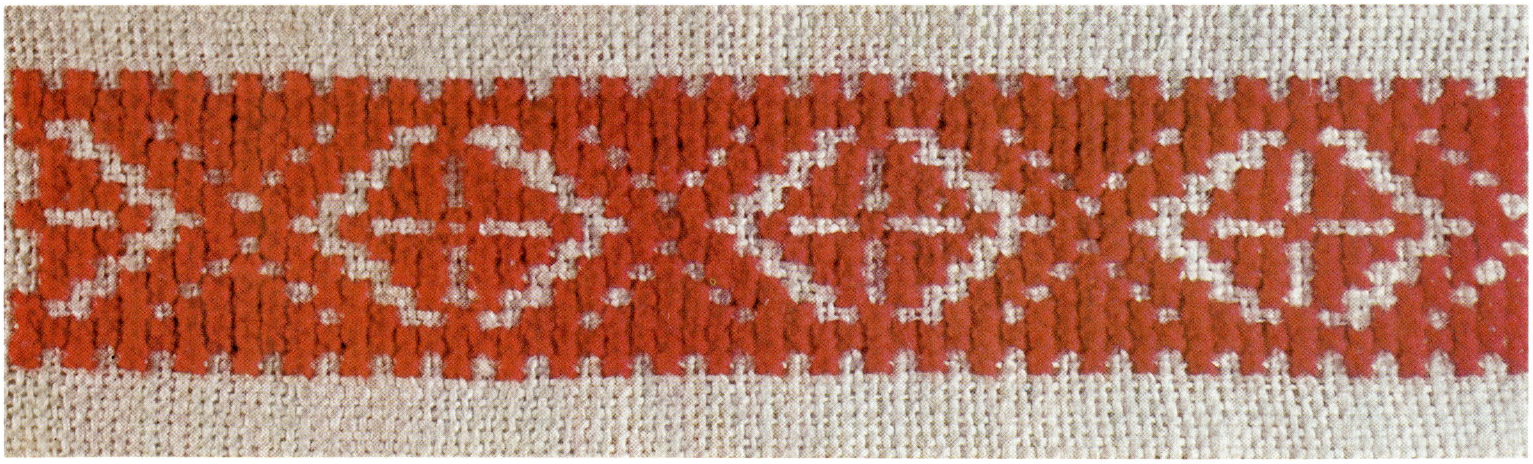

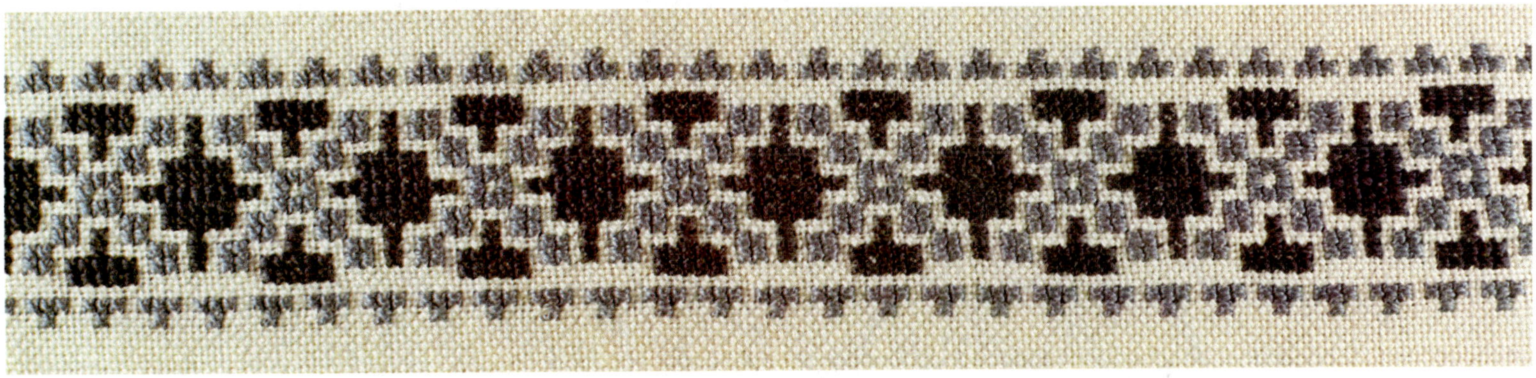

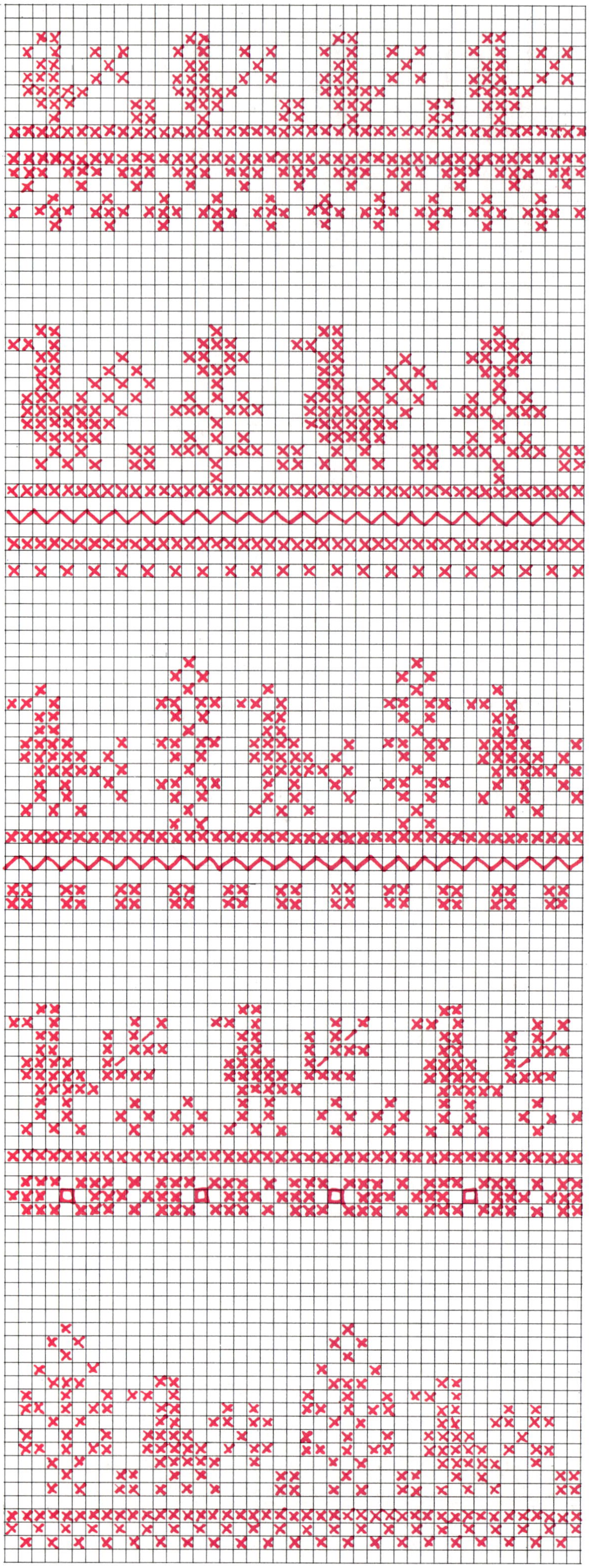

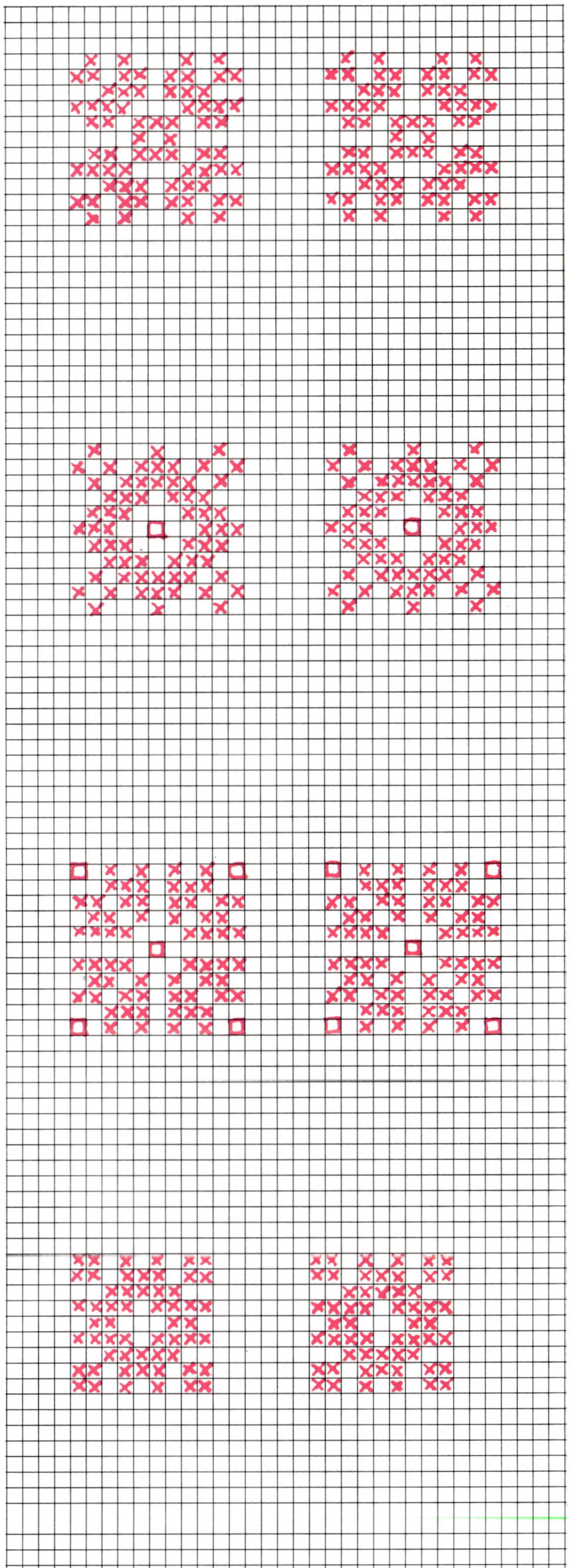

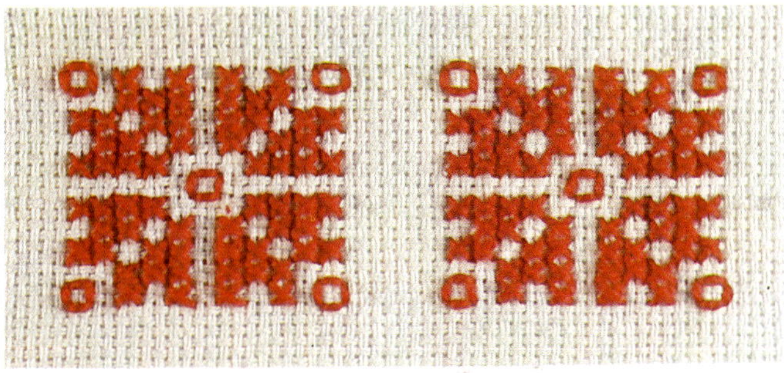

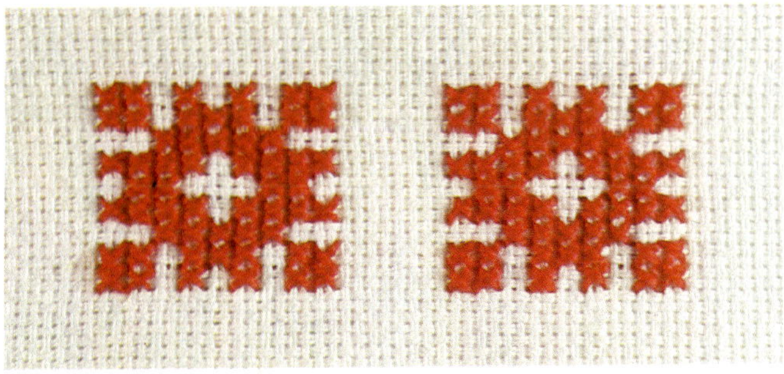

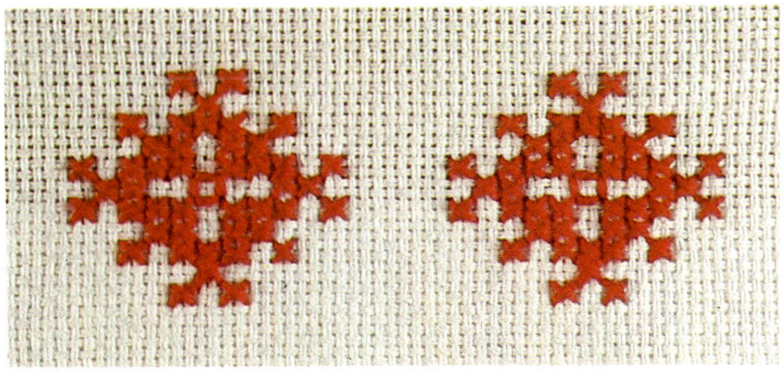

Eine Seite der Platzdeckchen schmückt eine mit blauem Perlgarn ausgeführte Kreuzstichstickerei. Auf jedem Platzdeckchen wurde das Kreuzstichmuster abgewandelt. Die Ränder sind schmal gesäumt.

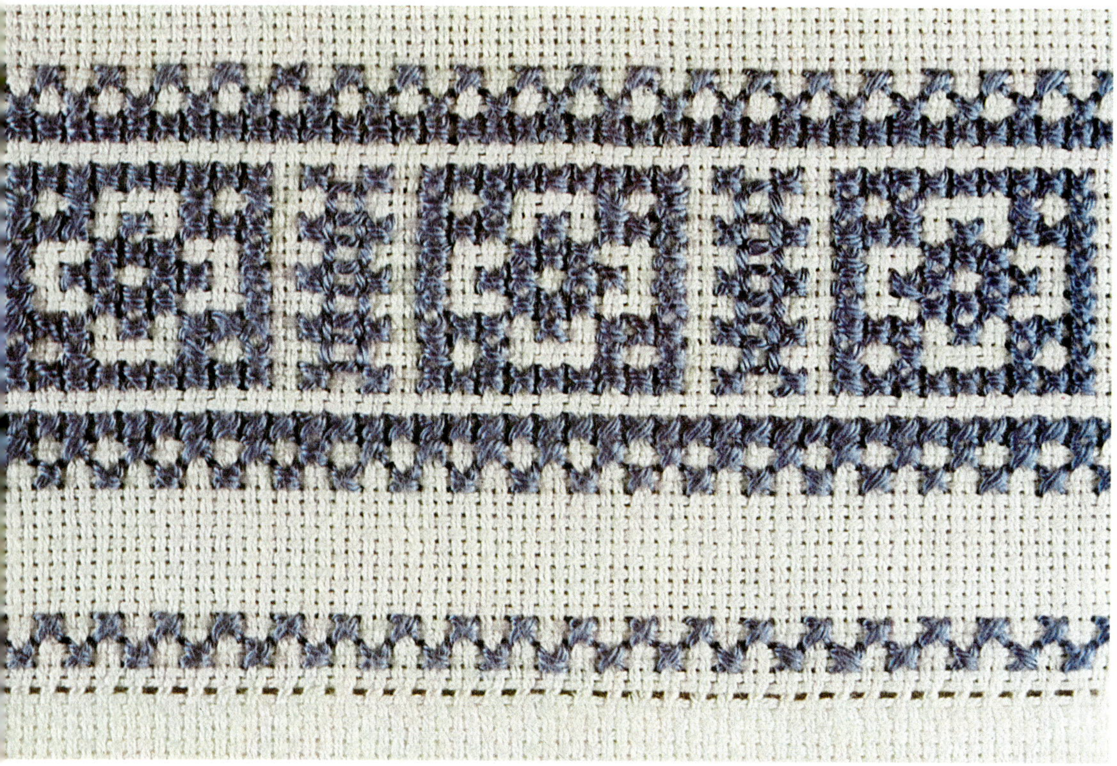

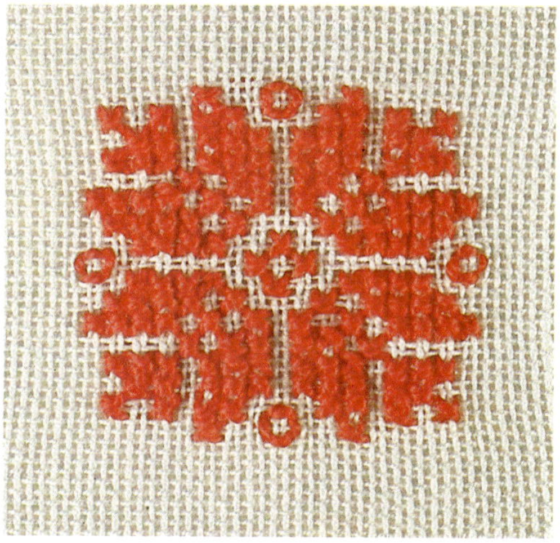

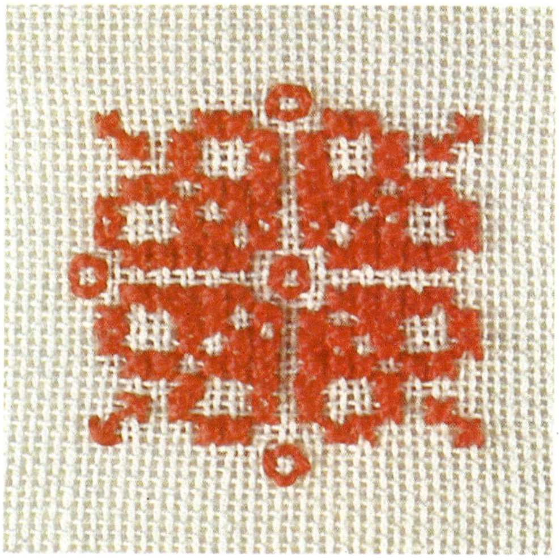
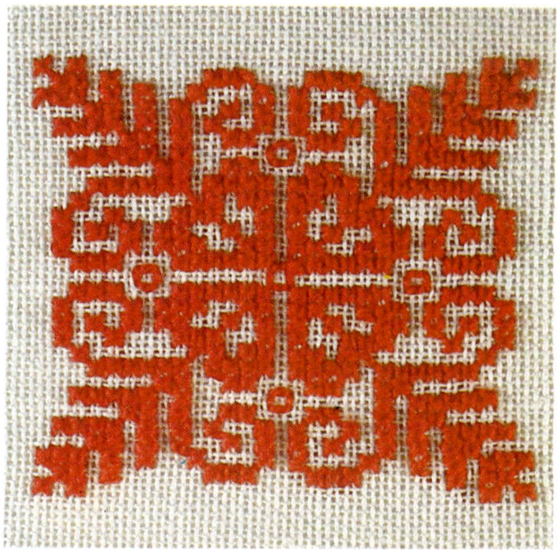

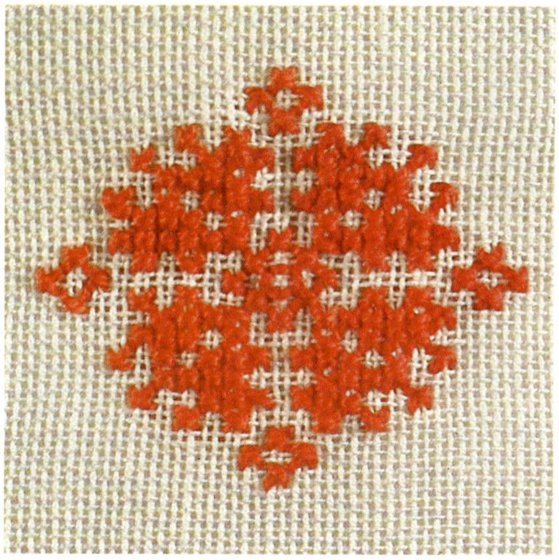
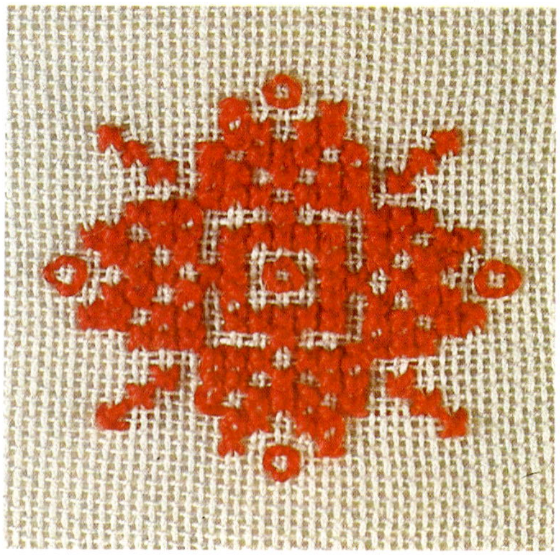
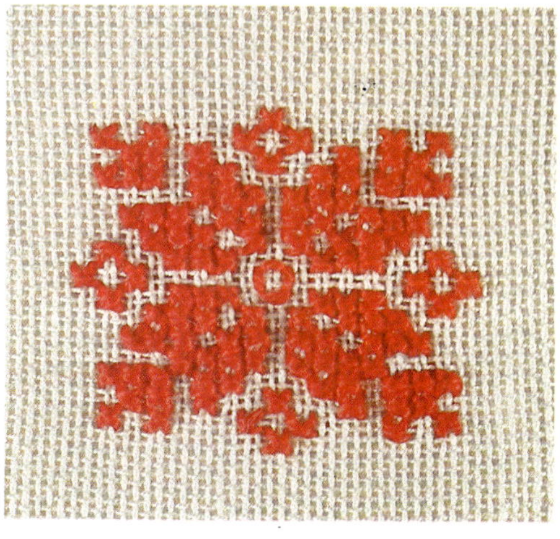

Die kleine quadratische Tischdecke aus zartem rotem Kanavas ziert ein mit weißem Perlgarn gesticktes Kreuzstichmuster. Oberhalb des schmalen Saumes wurden kleine dem Muster entnommene Motive gestickt.

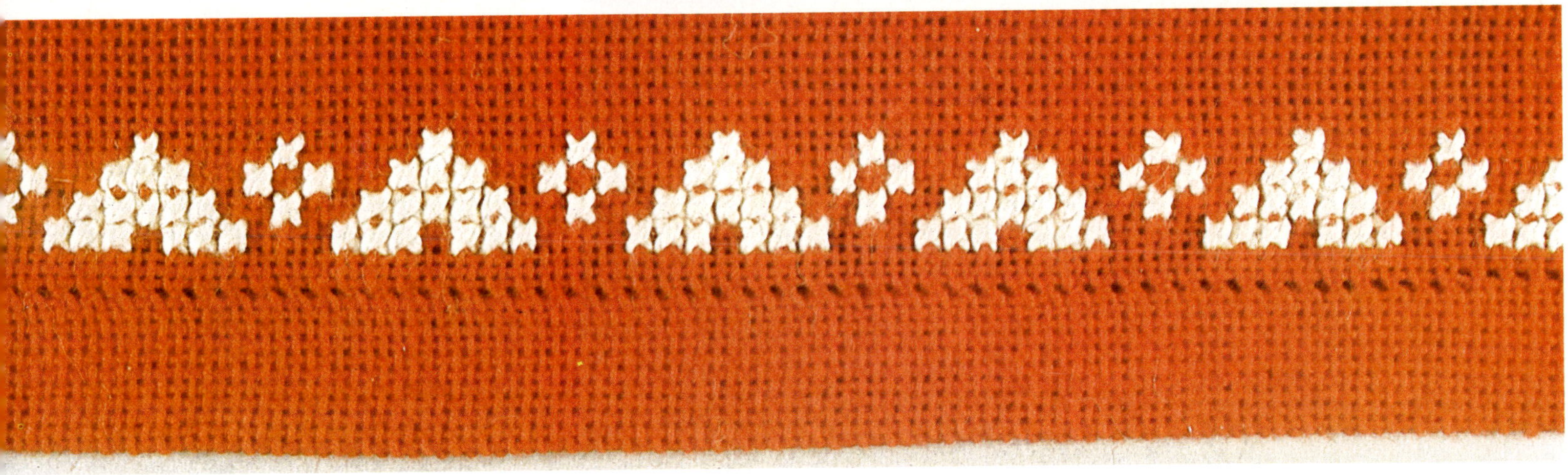

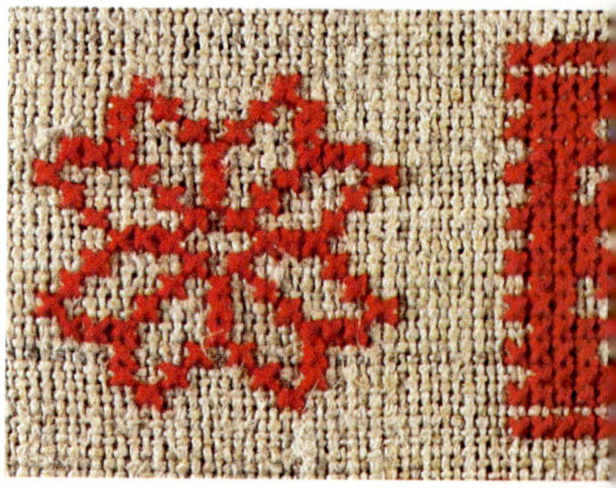
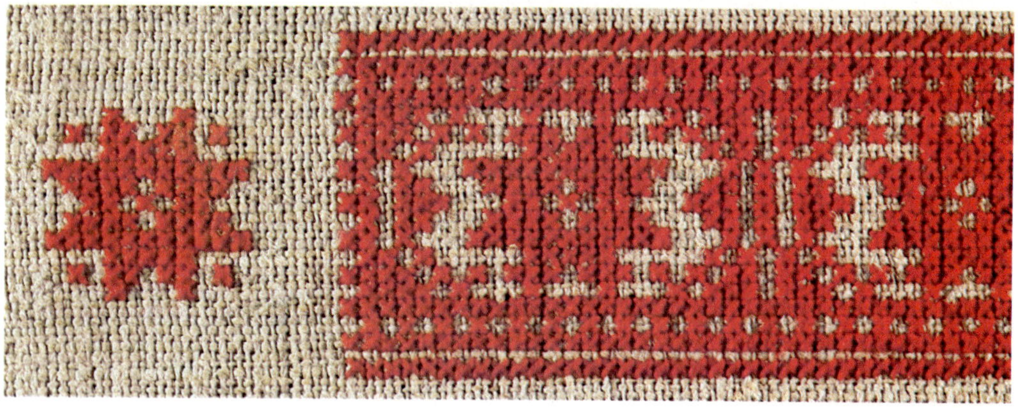

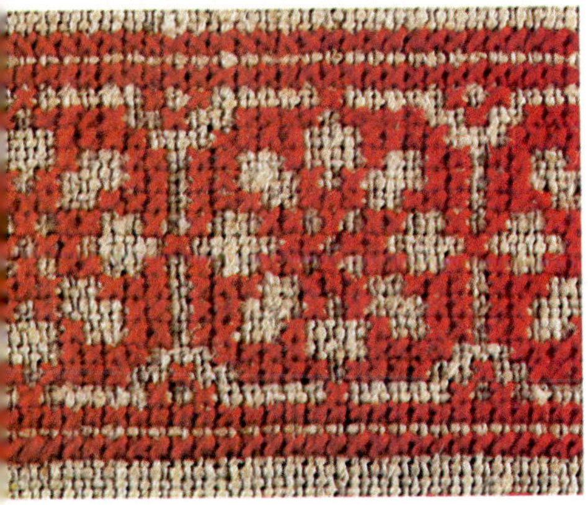

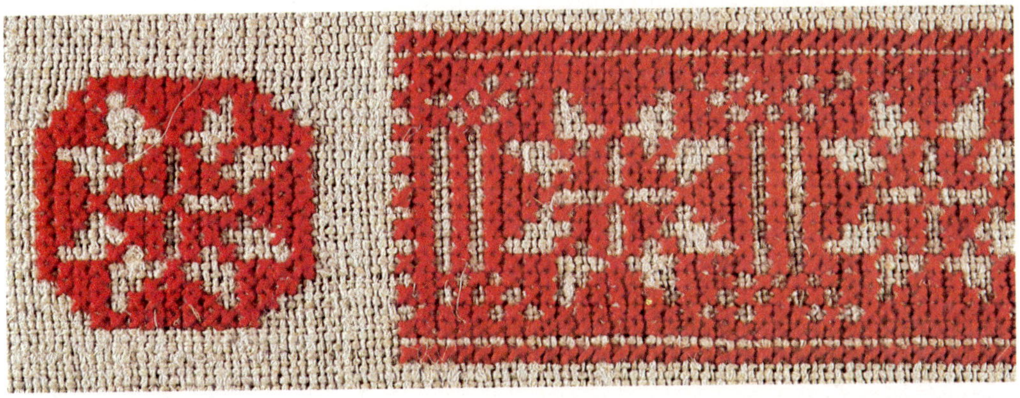

Durch die Mitte der großen rechteckigen Tischdecke läuft eine breite einfarbige Kreuzstichstickerei. Als Ergänzungsstiche fanden im Muster Schafhörner, Hexenstich, Kästchenstich und Zickzackstich Anwendung. Die Ränder sind schmal gesäumt. Oberhalb des Saumes wurde eine Kante mit Motiven der mittleren Stickerei gearbeitet.

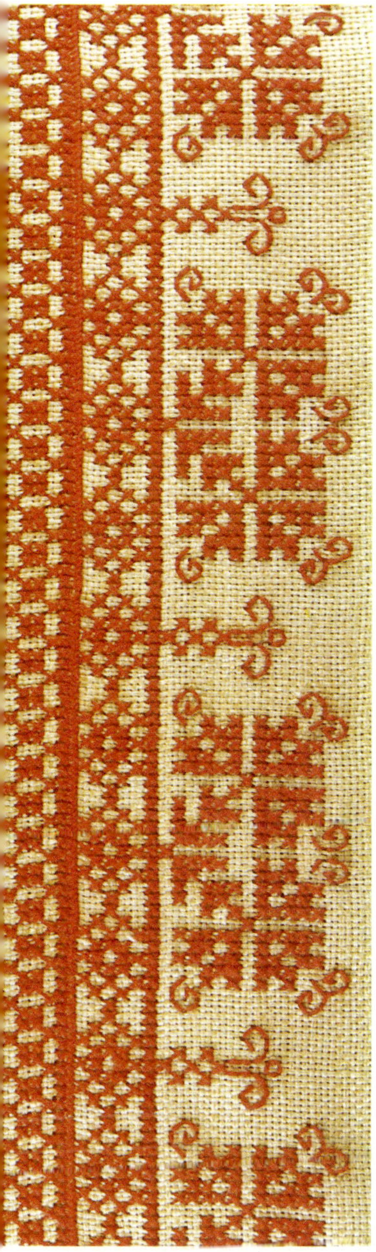

FROSCHAUGEN

sind mit Steppstich gestickte Kreise, in denen sich ein Kästchen befindet. Den Arbeitsablauf der Stickerei veranschaulicht Abb. 36, die von rechts nach links zu betrachten ist. Froschaugen treten in Kreuzstichmustern selten auf. Wie Schafhörner stehen sie dann entweder inmitten des Musters (Abb. 37), am Rande des Musters (Abb. 38 und 39) oder sind Bestandteil des Kreuzstichmusters (Abb. 40 und 41).

36	
37	
38	39
40	41

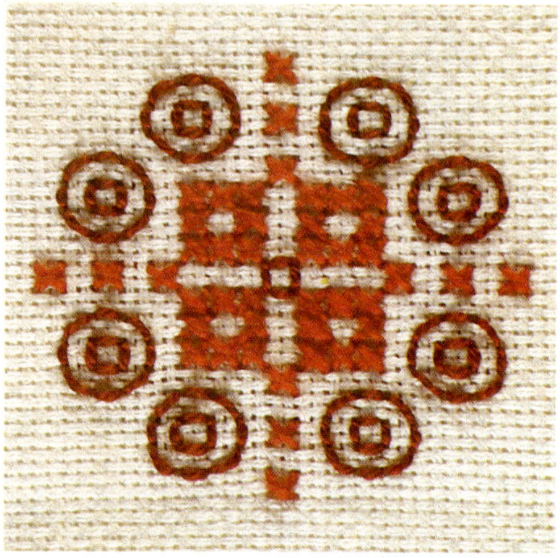

Die Mitte des Kissens aus beigefarbenem Kanavas schmückt eine breite Kreuzstichstickerei, die durch Froschaugen und Flachstichstreifen noch ausdrucksvoller wirkt. Froschaugen sind Ergänzungsstiche auch in den am Rande gestickten Kreuzstichsternen.

Aus beliebigem Gewebe kann man einen einfachen, aber wirkungsvollen Wandschmuck für die Küche arbeiten. Die doppelt zugeschnittenen Kreisflächen näht man zusammen und umhäkelt sie. Zwei kleine Verbindungsringe und ein dritter zum Aufhängen sind eng mit Stäbchen zu umhäkeln. Die Kreisflächen bestickt man mit den in der Vorlage gezeigten Mustern.

Durchbruchtechniken in der Kreuzstichstickerei

Damit ein dichtes Kreuzstichmuster nicht schwerfällig wirkt, lockert man es auf durch Anwendung einer der folgenden Durchbruchtechniken: mehrreihiger Kästchenstich, umwickelte Hohlnähte, schmale gestopfte Hohlnähte, Durchbruch mit Kästchenstich oder Bündeln mit Spannstich.

MEHRREIHIGER KÄSTCHENSTICH

Zu beiden Seiten des Kreuzstichmusters wurde mit Nähseide ein dreireihiger Kästchenstich gearbeitet. Vor und nach der zweiten Reihe wurde ein Faden ausgezogen (Abb. 42).
Darunter ein fünfreihiger Kästchenstich zwischen zwei Kreuzstichkanten. Vor und nach der dritten Kästchenreihe wurde ein Faden aus dem Gewebe gezogen (Abb. 43).

UMWICKELTE HOHLNAHT

Vor dem Arbeiten einer umwickelten Hohlnaht sind beiderseitig 5 waagerechte Fäden in etwa 1,5 cm Abstand vom Rand des Musters in Richtung Mitte des Musters durchzuschneiden. Die Fadenenden sind nach der Rückseite umzulegen und dort so zu verstechen, daß es auf der Vorderseite nicht sichtbar ist.
Die durchschnittenen Fäden sind aus dem Musterbereich auszuziehen. Nun werden stets 3 Fäden dicht umwickelt (Abb. 44).

42
43
44

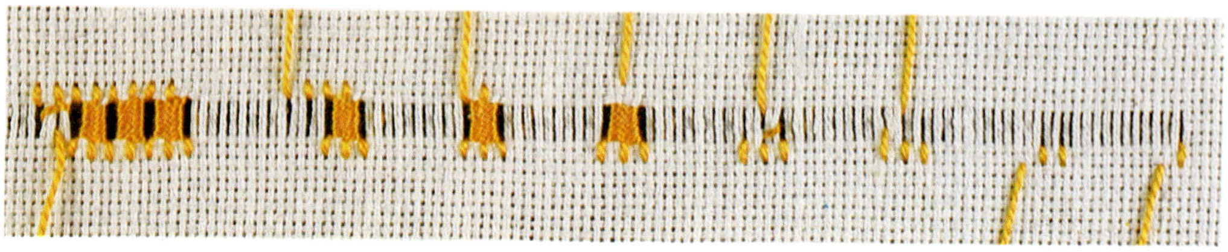

Das Platzdeckchenset, bestehend aus einem größeren und zwei kleineren rechteckigen Deckchen, ist aus weißem Leinen gearbeitet. Das durch die Mitte des größeren Platzdeckchens führende Muster ist mit blauem Perlgarn gestickt, wobei drei Farbtöne verwendet wurden. Ergänzungsfarben sind rot und gelb. Für den Durchbruch wurde cremefarbenes Perlgarn verwendet.

Das Muster ist kompliziert und für geübte Stickerinnen bestimmt. Die Mitte des Musters bilden Kreuzstiche. Zu beiden Seiten des Kreuzstichmusters folgen ein Streifen dichtstehender Hexenstich, gestopfte Hohlnaht, zwei Reihen versetzter weitstehender Kreuzstich und umwickelte Hohlnaht. Das Muster schließt je eine Reihe Stielstich, weitstehender Kreuzstich und Hahnentritt ab. An den Längsseiten der Deckchen entstand durch Bündeln mit Spannstich eine schöne Kante. Die Ränder wurden zweimal schmal umgeschlagen und als Saum mit weißem Garn am äußeren Rand der Hohlnaht festgenäht. An den Schmalseiten wurde der Saum mit blauem Perlgarn im Langettenstich umschlungen.

Abmessungen: größeres Deckchen 36 × 57 cm
kleine Deckchen 30 × 45 cm

GESTOPFTE HOHLNAHT

Zwischen Kästchenstichreihen auf klargelegten Fäden wurden abwechselnd gestopfte Hohlnaht und umwickelte Hohlnaht gearbeitet. Die waagerechten Fäden sind nach dem zu Abb. 44 erläuterten Verfahren aus dem Gewebe zu ziehen. 4 Fäden werden als gestopfte Hohlnaht gearbeitet. Hierzu die eingefädelte Nadel über die 2 rechten senkrechten Fäden führen, nach hinten einstechen und hinter den 2 linken Fäden ausstechen. Zurückkehrend die Nadel über die 2 linken senkrechten Fäden führen, nach hinten einstechen und hinter den 2 rechten Fäden nach vorn ausstechen. Es wird also abwechselnd über und unter 2 Fäden hin- und zurückgegangen, wobei die Stiche eng übereinander zu legen sind. Die folgenden 2 Fäden werden eng mit Garn umwickelt (Abb. 45).

45

Die quadratische Decke wurde mit zwei Kreuzstichmustern und von Stielstich berandeten Flachstichstreifen bestickt. Über dem mit Langettenstich eng umschlungenen Saum wurde eine gestopfte Hohlnahtkante gearbeitet, die kleine Fensterchen aus Kästchenstich begrenzen.

BÜNDELN MIT SPANNSTICH

Auf grobfädigem Material (Panama, Leinen) bündelt man mit Perlgarn, auf zartem Material (feiner Kanavas) mit Nähseide, und zwar stets in der Farbe des Gewebes (bzw. einen Ton dunkler oder heller als das Gewebe).
Abb. 46 zeigt den Arbeitsablauf beim Bündeln mit Spannstich. Der Anschaulichkeit halber wurde rotes Perlgarn verwendet. An der für das Bündeln gewählten Stelle wird zunächst 1 Faden ausgezogen, dann werden 2 bzw. 3 Fäden stehengelassen und wieder 1 Faden ausgezogen. Man bündelt eine gerade Anzahl Fäden von rechts nach links wie folgt: Nadel im Bereich des oberen ausgezogenen Fadens nach vorn ausstechen, über 2 Fäden nach rechts einstechen und an der ersten Ausstichstelle wieder nach vorn ausstechen. Diesen Stich noch einmal wiederholen (a). Aus dem oberen klargelegten Bereich schräg nach unten 2 Fäden nach rechts zählen und nach oben zurückkehren; erneut schräg nach unten rechts einstechen und waagerecht 4 Fäden nach links die Nadel ausstechen (b). Nun die Nadel über 4 Fäden nach rechts einstechen, zurückführen und erneut über 4 Fäden nach rechts einstechen und zurückkehren (c). Die Nadel schräg nach oben, 2 Fäden rechts versetzt einstechen, zurückführen, sie erneut schräg nach rechts oben einstechen und 4 Fäden waagerecht nach links im Bereich des oberen klargelegten Fadens ausstechen (d). Diese 4 Fäden sind nun zweimal zu umspannen (e). Wie aus der Abbildung ersichtlich, wird schräg nach rechts unten fortgefahren usw., bis das Bündeln beendet ist. Beim Bündeln mit Spannstich wird jeder Stich zweimal ausgeführt bzw. wird zweimal umspannt.
Abb. 47 zeigt ein einreihiges Bündeln mit Spannstich – wie es richtig ist – mit Garn in der Farbe des Gewebes. Die Ränder werden mit 2 Stichen über 3 Fäden in der Höhe befestigt.
Beim zweireihigen Bündeln mit Spannstich (Abb. 48) wird 1 Faden ausgezogen, 2 Fäden werden belassen, 2 Fäden ausgezogen, 2 belassen und zuletzt wird 1 Faden ausgezogen.
Durchbruchmuster, aufbauend auf Bündeln mit Spannstich, arbeitet man entweder am Rande eines Kreuzstichmusters (Abb. 49), in der Mitte des Musters (Abb. 50) oder zur Randbefestigung vor dem Ausfransen (Abb. 51, 52, 53).

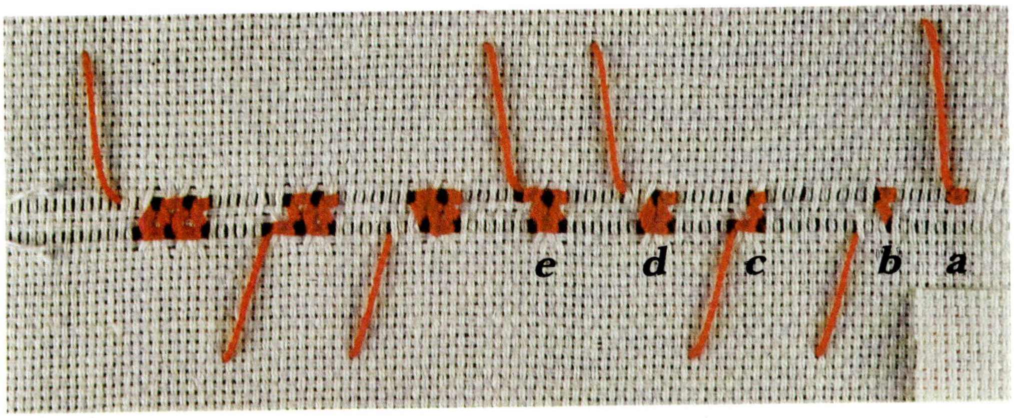

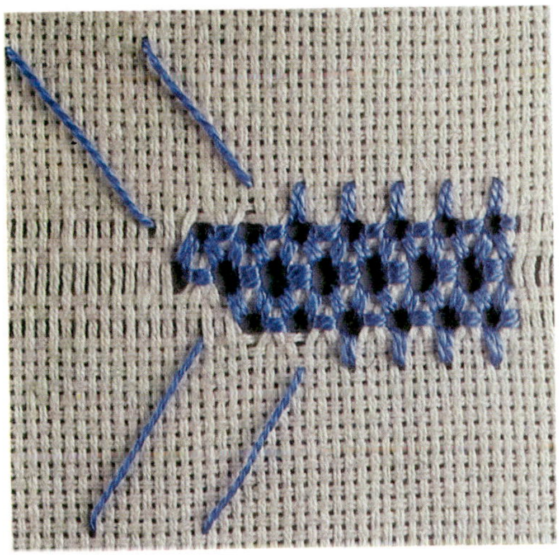

46
47
48

49	
50	51
52	53

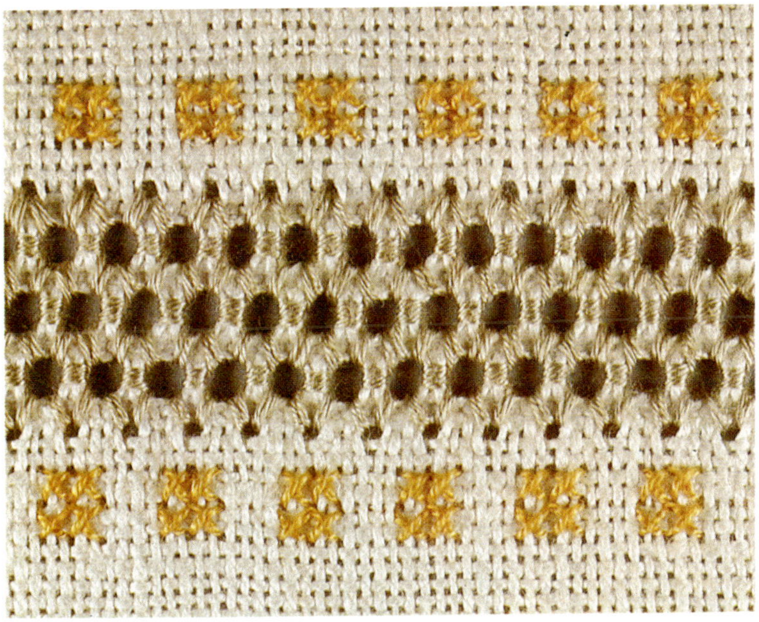

An den Längsseiten der größeren rechteckigen Decke wurden quadratische Kreuzstichmotive, durch Flachstich ergänzt, gestickt. An den Schmalseiten der Decke dominieren zwei Streifen mit Spannstich gebündelte Hohlnaht, die zu beiden Seiten mit Zickzackstich abschließt.

Die Strandtasche schmückt eine reiche, mit rotem Perlgarn ausgeführte Kreuzstichstickerei. Der untere Teil der Tasche schließt mit Fransen ab. Zur Befestigung des Fransenrandes wurde mit Garn in der Farbe des Gewebes eine Hohlnaht mit Spannstich gebündelt. Darüber liegt ein Flachstickereistreifen, der mit Stielstich abschließt. Die Rückseite der Tasche ziert ein kleineres rundes Kreuzstichmotiv. Ergänzungsstich im Kreuzstichmuster sind Schafhörner.

Auf den Schmalseiten der länglichen Decke wurde ein rotschwarzes Kreuzstichmuster gestickt, in dem als ergänzende Stiche Schafhörner und Zickzackstich vorkommen. Die Ränder haben einen Fransenabschluß, der zuvor durch einreihiges Bündeln mit Spannstich in der Farbe des Gewebes befestigt wurde. Der Saum an den Längsseiten der Decke ist mit eng gearbeitetem Langettenstich umschlungen.

DICHTGEBÜNDELTE HOHLNAHT

Vom sonst üblichen Bündeln mit Spannstich unterscheidet sich die dichtgebündelte Hohlnaht dadurch, daß die schrägen Stiche nur einmal ausgeführt werden (einmaliges Umschlingen) und man statt 4 nur 2 klargelegte Fäden aufnimmt, die zweimal umwickelt werden (Abb. 54). Abb. 55 zeigt eine dichtgebündelte Hohlnaht als Berandung eines Kreuzstichmusters.

DURCHBRUCH MIT KÄSTCHENSTICH

Den Arbeitsablauf beim Sticken einer Hohlnaht mit Kästchenstich zeigt Abb. 56, die von rechts nach links zu betrachten ist. Für die Hohlnaht werden im ausgewählten Bereich 4 Gewebefäden ausgezogen, 4 stehengelassen und wieder 4 ausgezogen. Die Nadel ist 3 Gewebefäden unterhalb der unteren klargelegten Fäden nach vorn auszustechen, senkrecht nach oben über 3 Fäden ein- und wieder am ersten Austrittspunkt auszustechen (a). Nun ist sie wieder senkrecht nach oben ein- und waagerecht 4 Fäden nach links auszustechen (b). Dann die Nadel über 4 Fäden nach rechts führen, einstechen und 4 Fäden nach links wieder ausstechen (c). Diese 4 Fäden sind nochmals zu umschlingen, und die Nadel ist 3 Fäden unterhalb des unteren klargelegten Fadens auszustechen (d). Dieser Arbeitsgang ist bis zur gewünschten Länge der Hohlnaht zu wiederholen. Dann die Arbeit wenden und analog die andere Hohlnahtseite arbeiten.
Über die 4 stehengelassenen Fäden wird der Kästchenstich so gestickt, daß die aus 4 Fäden an beiden Rändern gebildeten Bündel nun geteilt werden. Für die waagerechten Stiche des Kästchenstichs nimmt man deshalb mit der Nadel 2 Fäden des einen und 2 Fäden des anderen Bündels auf. So entsteht auf beiden Seiten des mittleren Kästchenstichs eine regelmäßige Zickzacklinie.
Beim Sticken dieser Hohlnaht wird jeder Stich zweimal ausgeführt. Zu beiden Seiten stickt man ein einfaches Kreuzstichmuster.

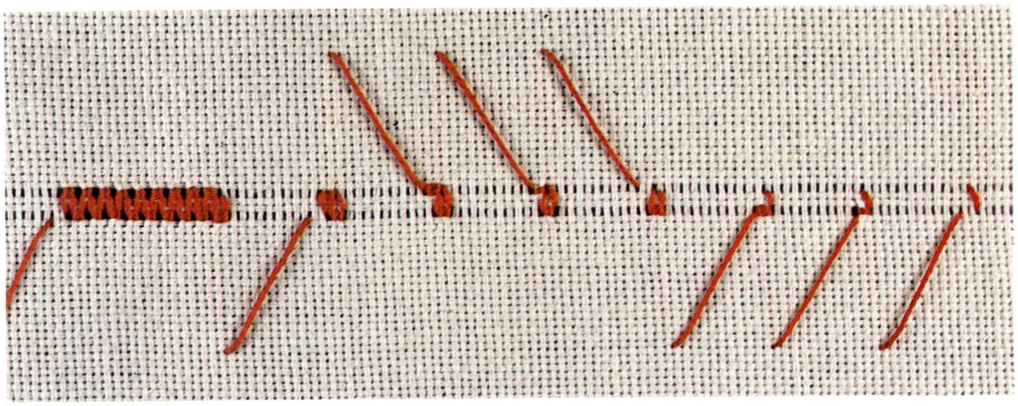

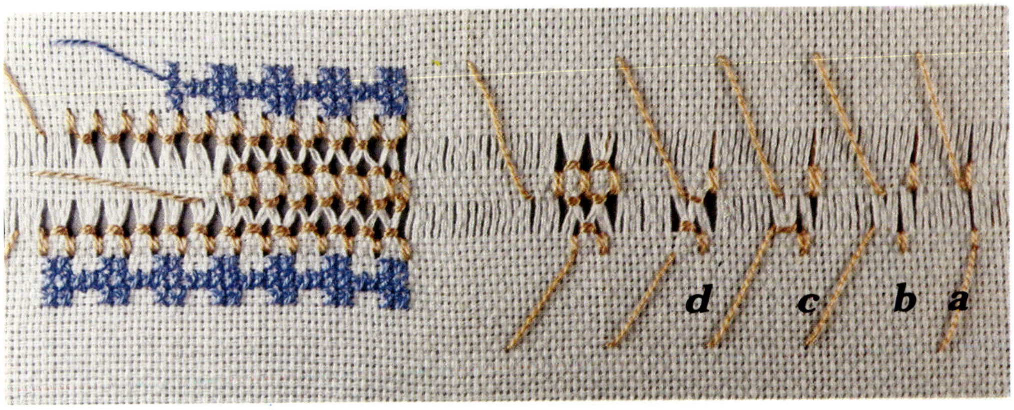

54
55
56

Ein schmales weißes Deckchen auf einer weißen Tischdecke in der Mitte der Tafel trägt zur festlichen Atmosphäre bei. Es kann aus weißem oder zartfarbigem Stoff gearbeitet und mit einer einfachen Kreustichstickerei und Durchbruchkanten mit Kästchenstich verziert werden. Die Ränder sind schmal gesäumt.

Bei anderer Gelegenheit dient die gleiche längliche Decke zur Dekoration des kleinen Tisches.

Langettenstich zum Versäubern des Saumes

Die Ränder einer fertigen Decke werden im Fadenlauf glattgeschnitten, zweimal (ebenfalls im Fadenlauf) umgeschlagen und angeheftet. Beim Arbeiten von Langettenstich wird der Saum gleichzeitig mit angestochen.
Langettenstich stickt man auf der Vorderseite des Saumes von links nach rechts (Abb. 57). Die Nadel wird unmittelbar an der Saumkante ausgestochen (a) – (der Faden ist dabei mit dem Daumen der linken Hand am Saum zu halten), dann über dem Saum nach hinten eingestochen, unter dem Saum senkrecht zum Körper geführt (Faden wieder mit dem linken Daumen halten), der Faden von links unter die Nadel gelegt und der erste Stich angezogen. Am Saumrand entsteht eine Schlinge (b). Den Faden mit dem Daumen halten, die Nadel einen Gewebefaden rechts vom ersten Stich unmittelbar über dem Saum einstechen, unter dem Saum bei unter der Nadel liegendem Faden ausstechen und die entstandene Schlinge festziehen (c) usw. Die Ecke wird mit verkürzten Stichen ausgefüllt (d). Die Abbildungen 58 bis 60 zeigen verschiedene mit Langettenstich versäuberte Säume.

Beide Seiten des rechteckigen Deckchens schmückt eine breite Stickerei, bestehend aus Kreuzstichkanten und sehr wirkungsvollem Durchbruch mit Kästchenstich. Der Kästchenstich wird mit den ausgezogenen Stoffäden oder Nähseide gestickt. Die Ränder sind schmal gesäumt. Über dem Saum wurden drei Reihen versetzter weitstehender Kreuzstich gearbeitet.

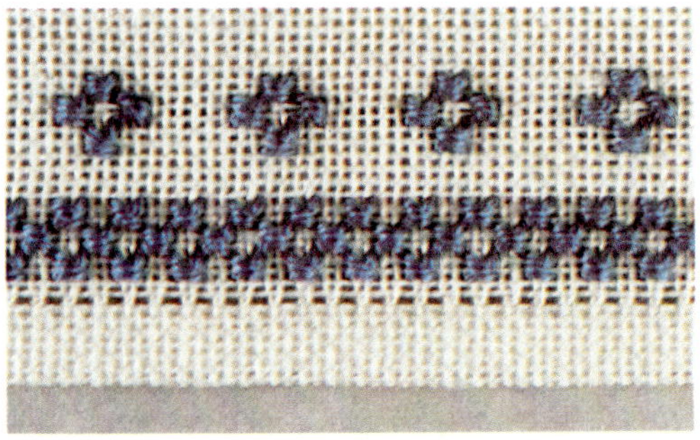

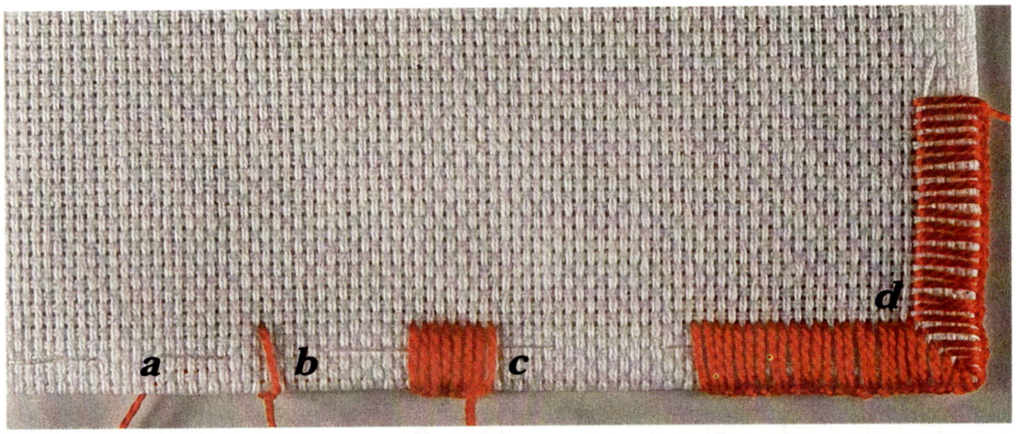

57
58
59
60

Das kleine rechteckige Deckchen ist 30 × 58 cm groß. Die Schmalseiten ziert ein mit rotem und blauem Perlgarn gearbeitetes Kreuzstichmuster. Die schmal gesäumten Ränder sind eng mit Langettenstich umschlungen, der mit rotem Perlgarn gestickt wurde. Über dem Saum liegt eine blaue Kreuzstichreihe.

Eckenbildung am Saum

Den Arbeitsablauf bei Eckenbildung an einem schmalen Saum veranschaulicht Abb. 61. Im Bereich des roten Heftfadens ist der Rand der Decke zweimal umzuschlagen und anzuheften. In der Ecke wird längs die Hälfte der umgelegten Saumbreite weggeschnitten. Dann ist der andere Rand zweimal umzulegen. In der Ecke wird der obere Saum über den unteren gelegt und geheftet. (Das Rechteck wird aus dem unteren Saum geschnitten, damit nach Überschlagen des zweiten, oberen, der Saum in der Ecke nicht zu dick wird und absteht.) Der Saum wird mit einfachem Hohlnahtstich angenäht (Abb. 62).

Auch bei breiteren Säumen (Abb. 63) sind die Ränder zweimal umzuschlagen, wobei jedoch der erste Umschlag schmaler ist und der zweite die Saumbreite ergibt. Zunächst wird eine, dann die andere Seite zweimal umgeschlagen. An den Ecken zieht man den verdeckten (unteren) Teil des Saumes nach oben heraus, knifft ihn zusammen mit dem oberen Saum, so daß an der Diagonalkante 2 überstehende Stoffdreiecke entstehen. Den oberen Teil des Dreiecks schneidet man so ab, daß unten ein Teil verbleibt, der an beiden Seiten nach innen eingeschlagen wird. Beide Teile sind an der diagonalen Kante zusammenzunähen. Der ganze Saum wird mit einfachem Hohlnahtstich (Abb. 64) angenäht.

Einfacher Hohlnahtstich
Der Saum wird auf der Rückseite von links nach rechts angenäht (siehe Abb. 62, 64).
Nach Verstechen des Garns am Saumrand werden von rechts nach links 2 senkrechte Fäden dicht über dem Saum aufgenommen. Das Garn ist mit dem linken Daumen am Saum zu halten, die Nadel senkrecht nach unten in den Saum einzustechen, das Garn unter die Nadelspitze zu legen, die Nadel herauszuziehen. Nun gibt der Daumen das Garn frei, und der Stich wird angezogen. Erneut 2 senkrechte Fäden aufnehmen, senkrecht nach unten einstechen (das Garn ist unter der Nadel) usw., bis der ganze Saum befestigt ist.

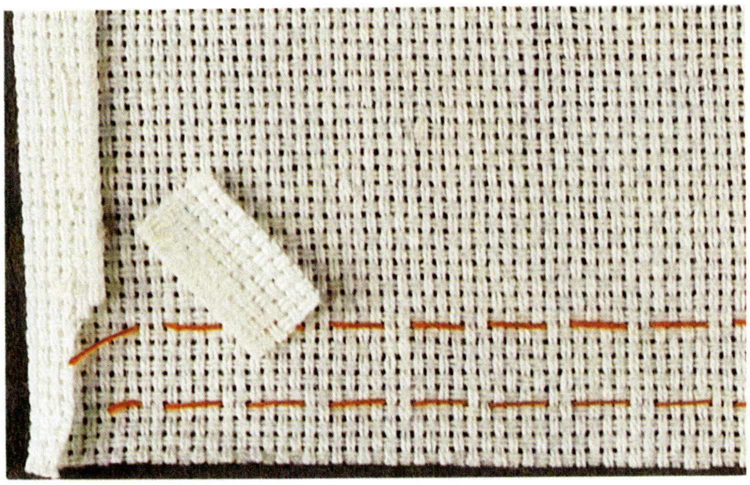

61

62

63

64

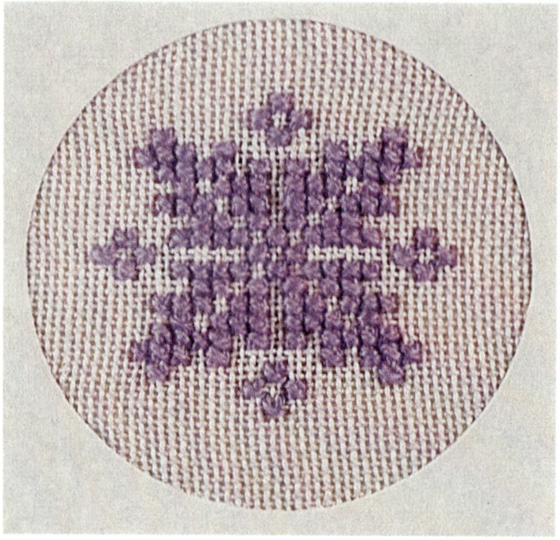

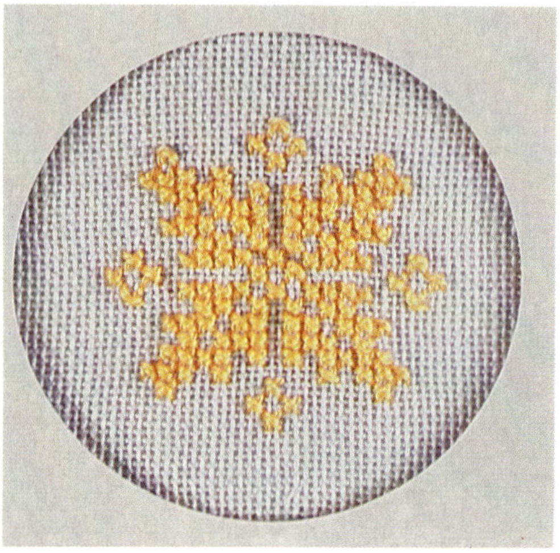

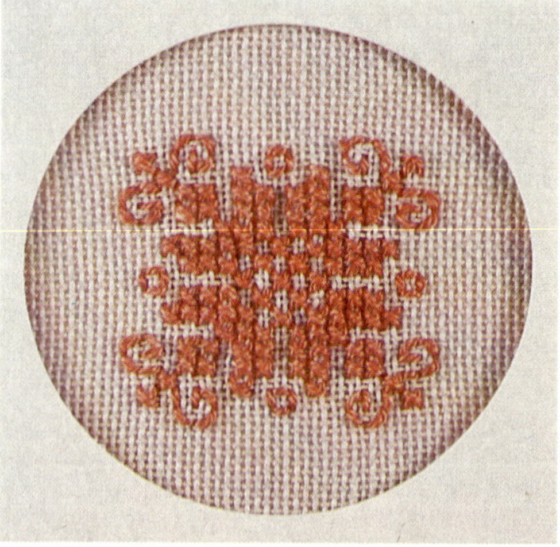

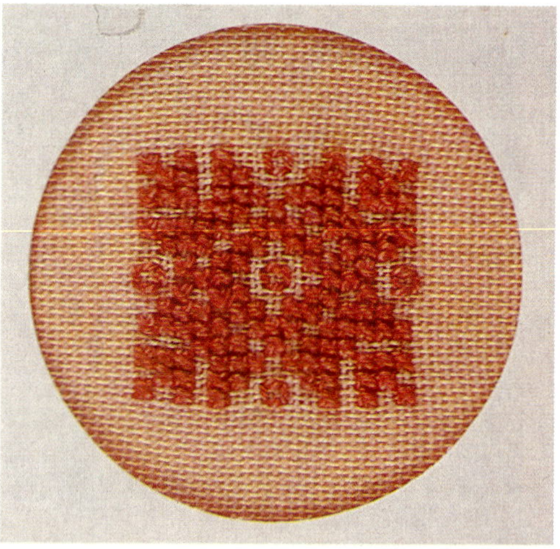

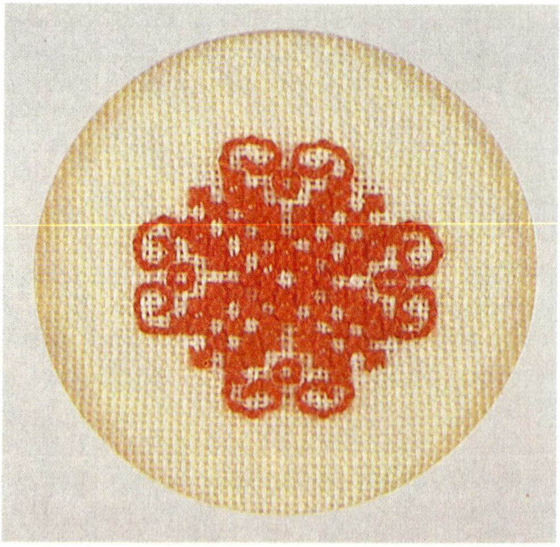

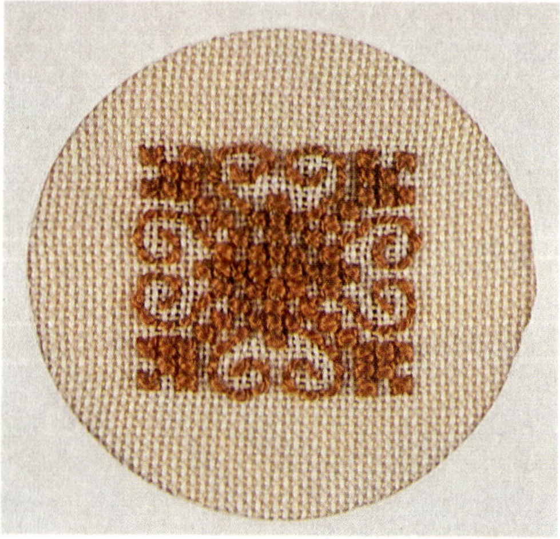

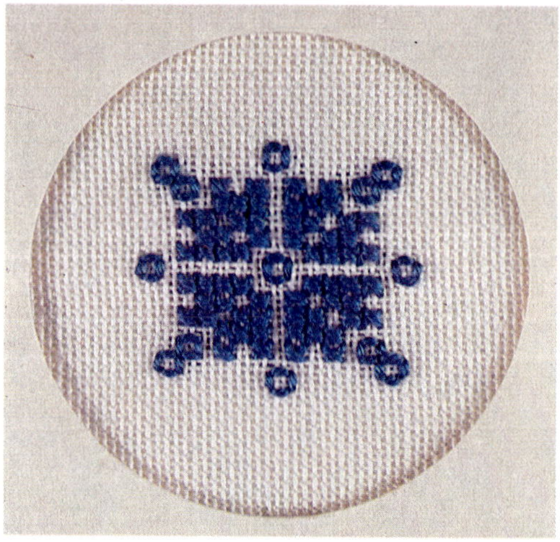

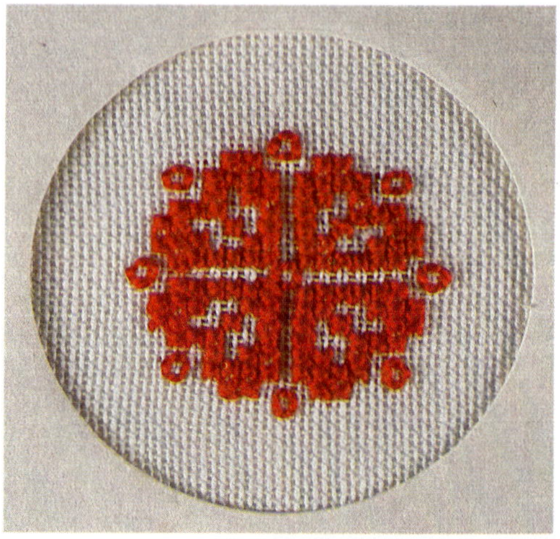

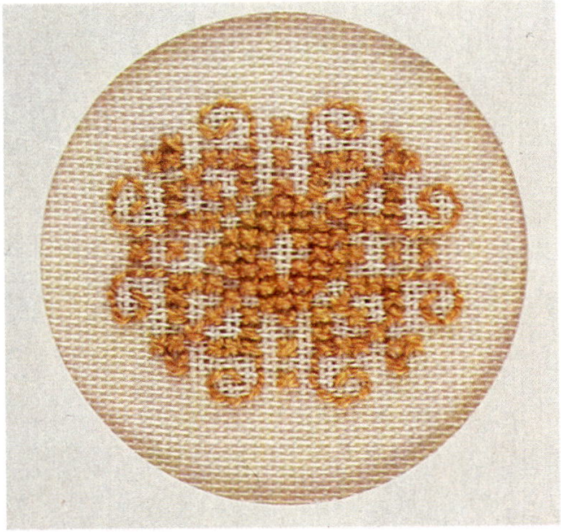

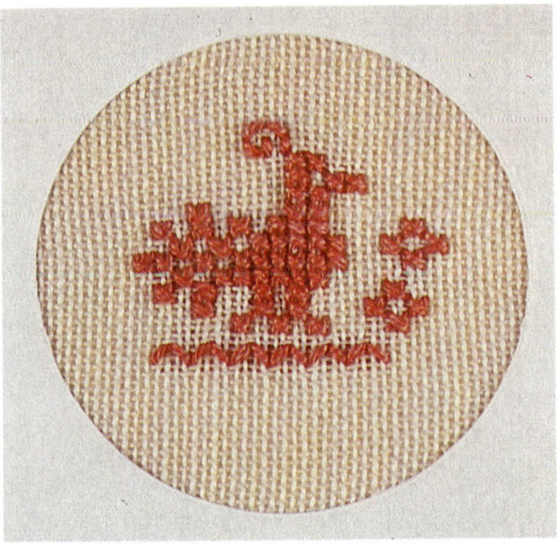

Zarte Kreuzstichmotive eignen sich auch für selbstgefertigte Glückwunschkarten. Man klebt sie unter den kreisformigen Ausschnitt im Deckblatt und unterlegt dieses mit einem anzuklebenden Blatt Papier des gleichen Formats.
◄

►
Die dekorativen Medaillons wurden im Kreuzstichmuster gestickt. Der Rand ist mit Perlgarn umhäkelt.

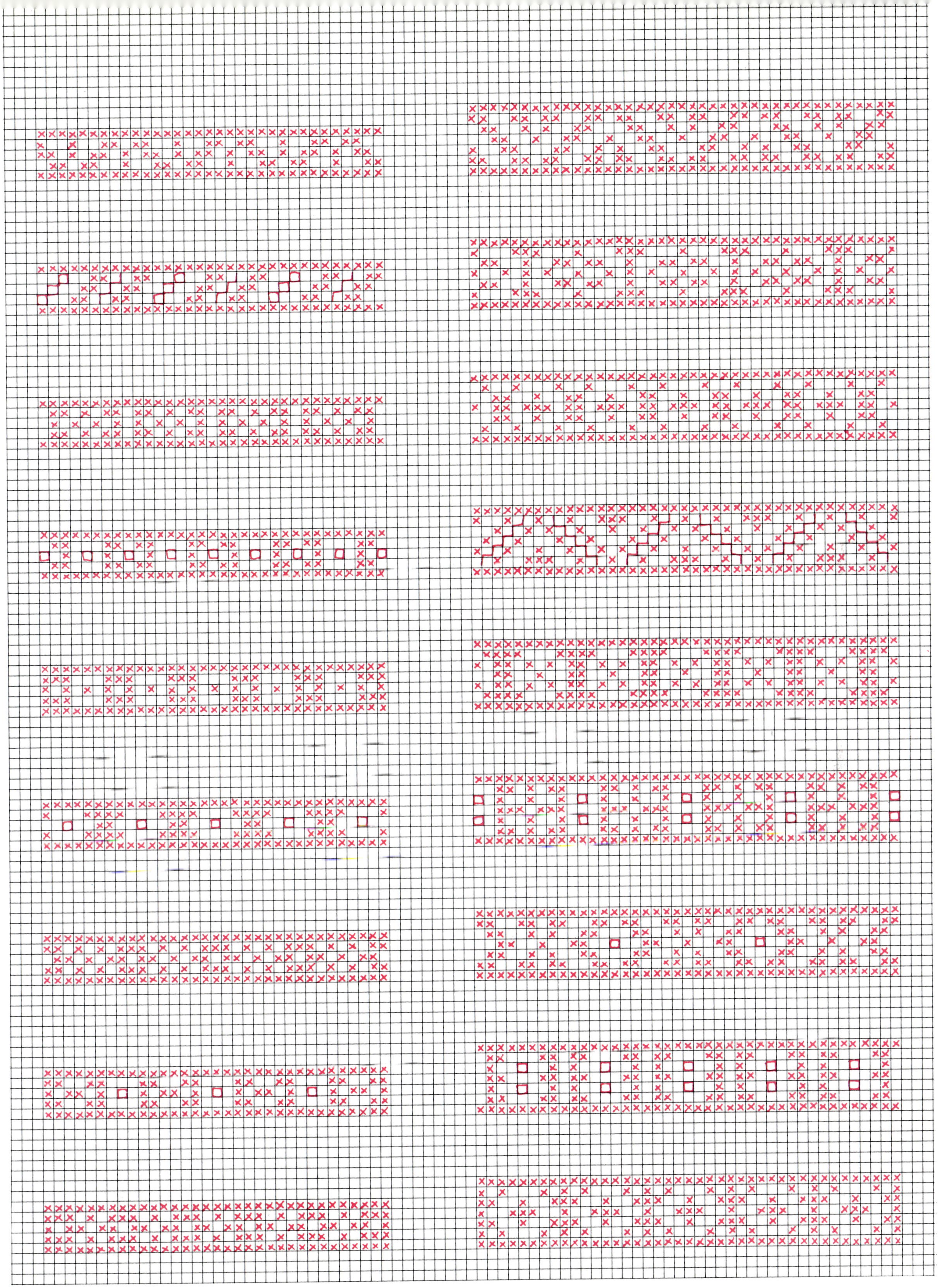

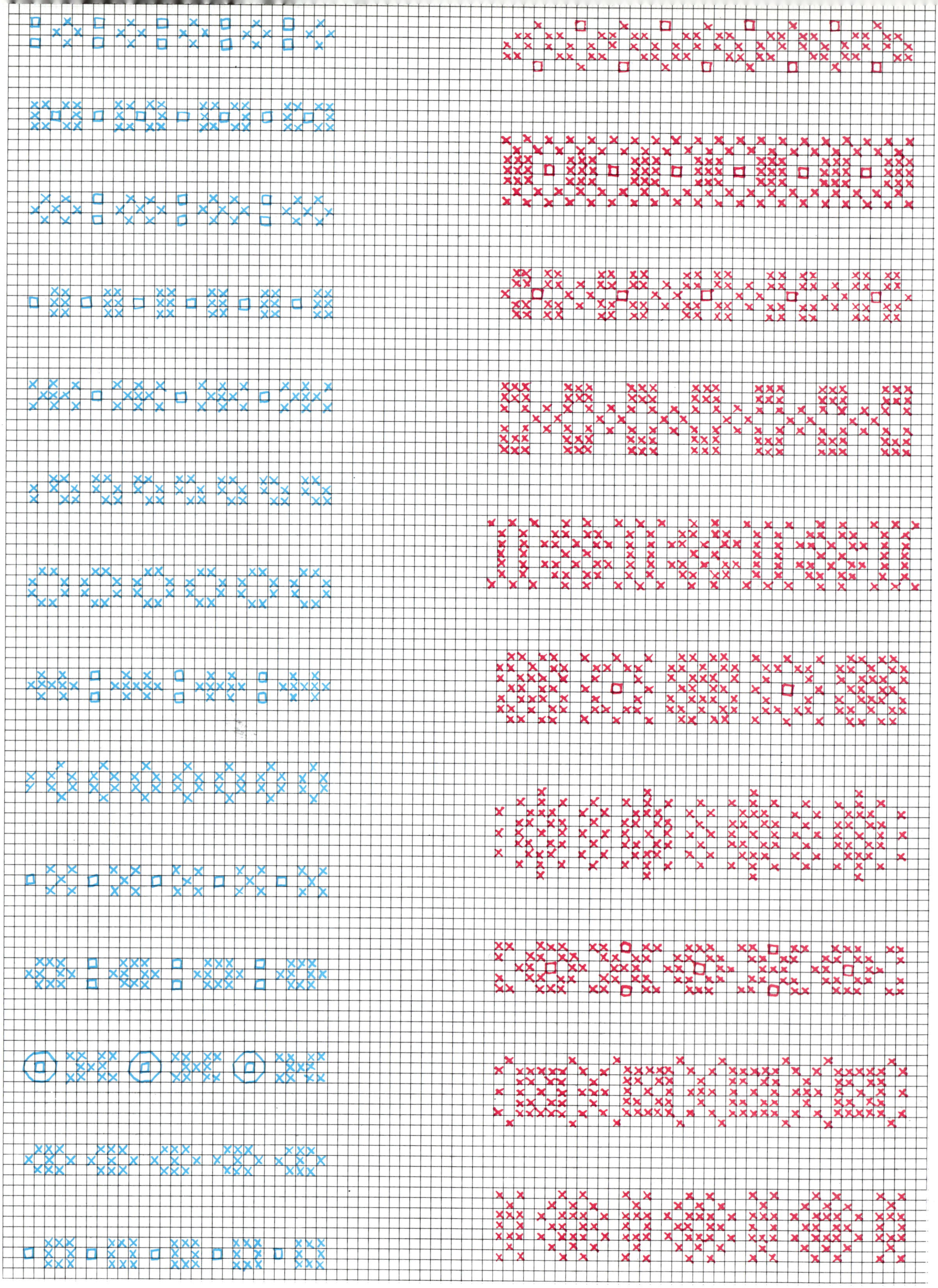

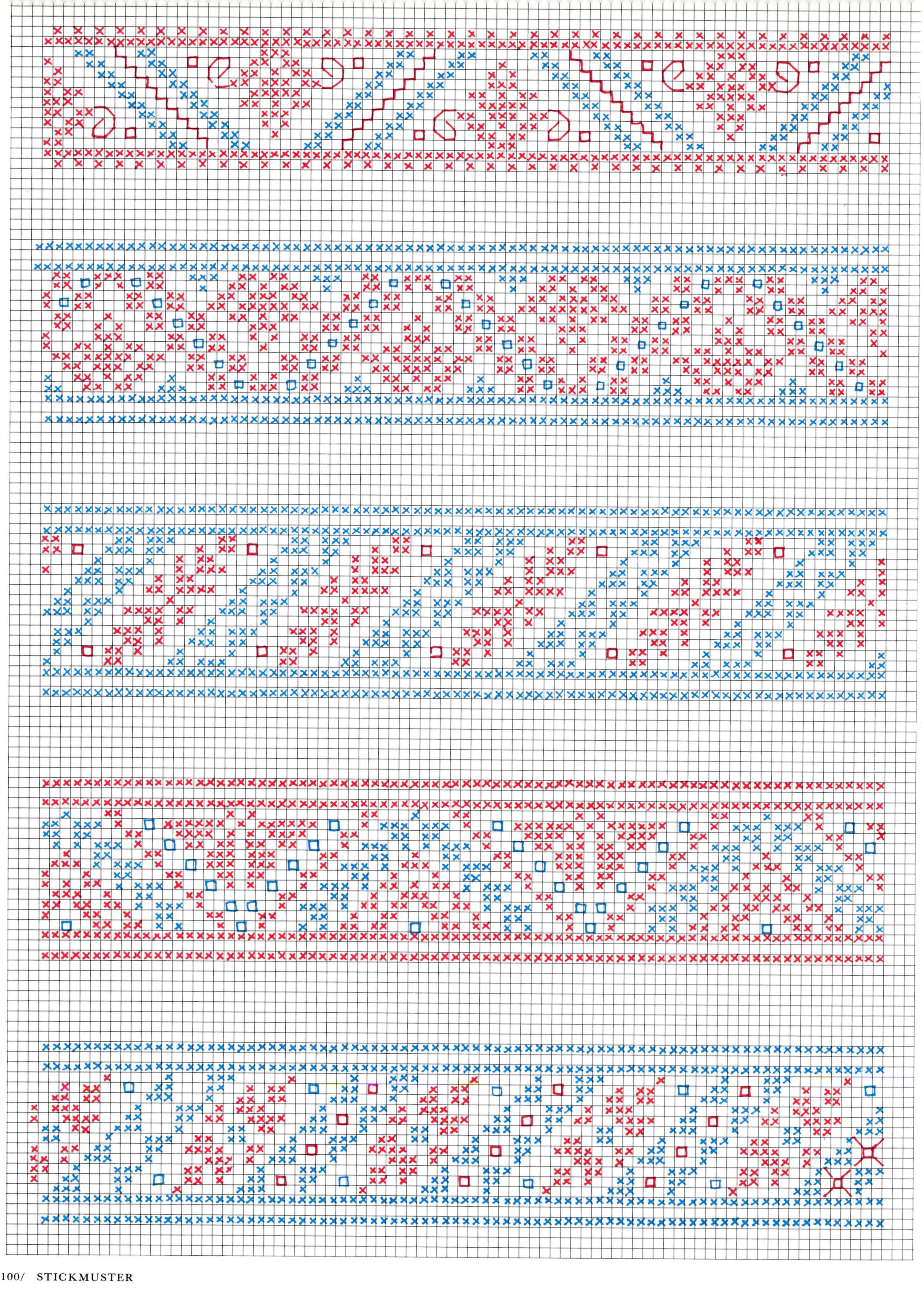

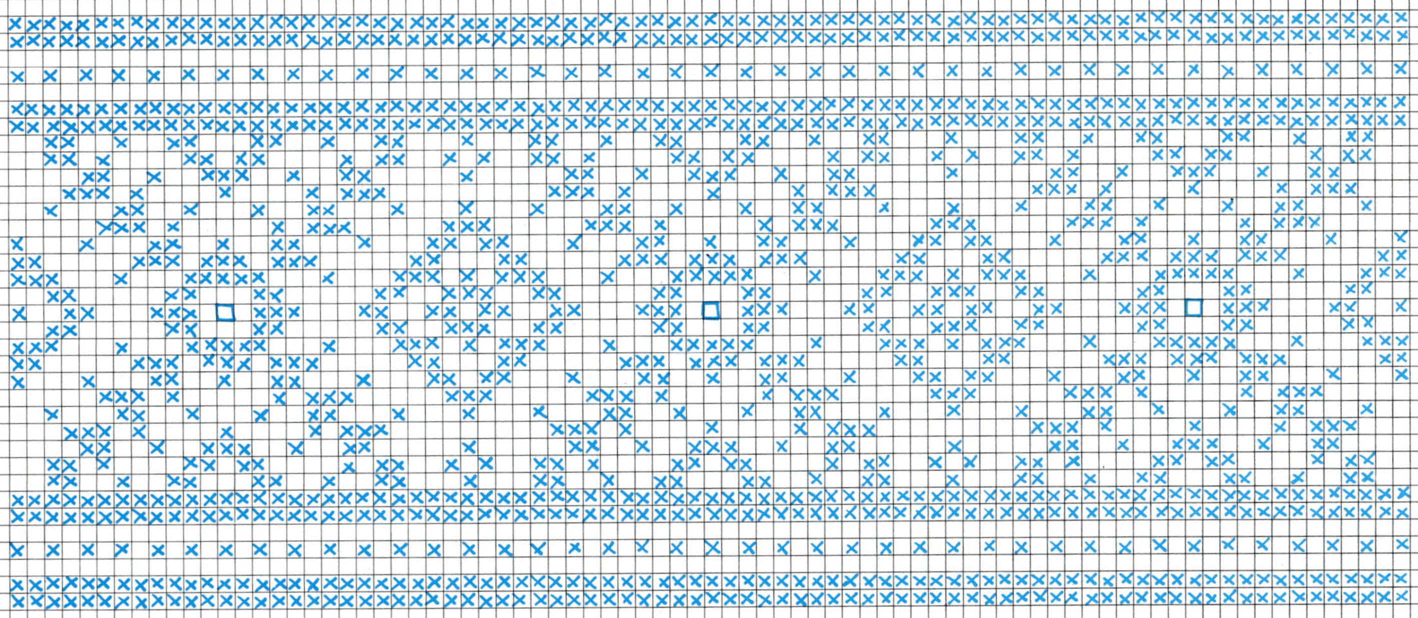

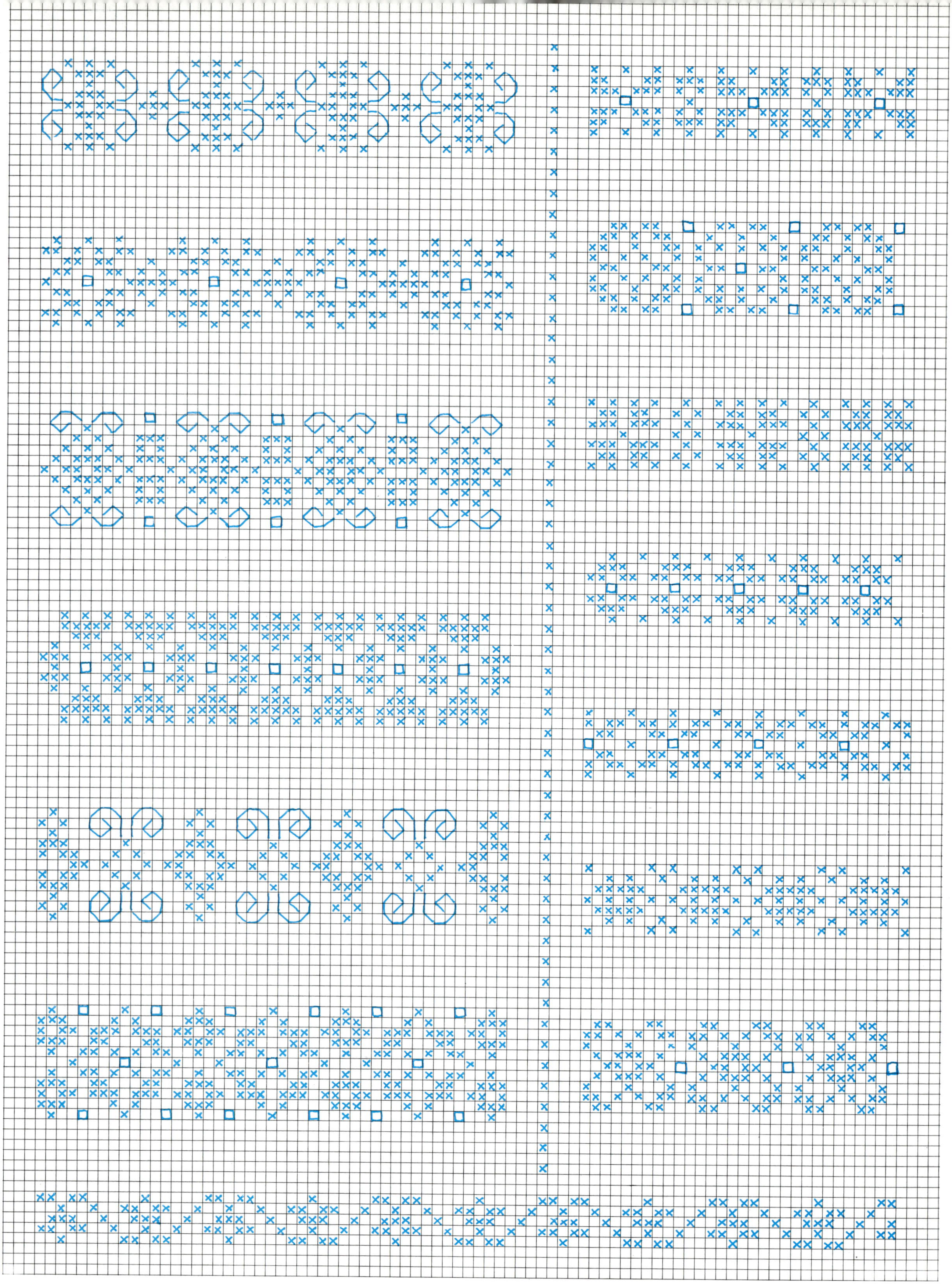

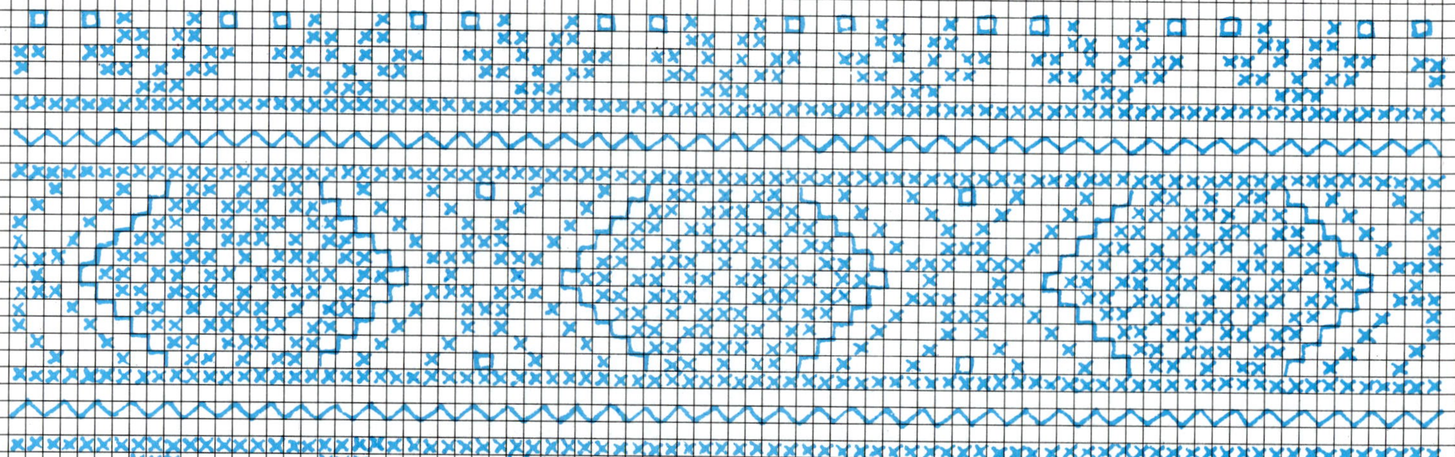

ALŽBETA LICHNEROVÁ

Stickmusterbuch

STICKMUSTERBUCH / / ALŽBETA LICHNEROVÁ.
ÜBERS.: ROSEMARIE BORÁN. — 1. AUFL. — LEIPZIG:
VERLAG FÜR DIE FRAU, 1987. — 128 S.: 307 ILL. (FARB.)
EST: VZORKOVNICA VÝŠIVIEK <DT.>
ISBN 3-7304-0050-9
NE: VERF.: EST

ISBN 3-7304-0050-9

ORIGINALTITEL: VZORKOVNICA VÝŠIVIEK
AUTOR: ALŽBETA LICHNEROVÁ
© PRÁCA, BRATISLAVA ČSSR, 1984

GEMEINSCHAFTSAUSGABE DES VERLAGES
PRÁCA, BRATISLAVA, MIT DEM VERLAG FÜR DIE
FRAU, LEIPZIG
FOTOGRAFIE: RUDOLF TANDLMAYER
GRAFISCHE GESTALTUNG: PETER RAŠLA

DIE WELTVERTRIEBSRECHTE FÜR DIE DEUTSCH-
SPRACHIGE AUSGABE LIEGEN BEIM VERLAG FÜR
DIE FRAU DDR, LEIPZIG

LIZENZ-Nr. 126/405/38/87
LSV 9259
BESTELLNR. 672 530 6
PRINTED IN ČSSR
DRUCKEREI: TSNP MARTIN
04200